写真アルバム

巨摩・市川三郷の100年

巻頭口絵◆

カラー写真で見る 巨摩・市川三郷の１００年

八ヶ岳パンテスコープスケートセンター　奥に見えるのは八ヶ岳。屋外にスピードリンク、センターリンク、初心者リンクがあった。冬季だけの営業だが500人を収容する大食堂を併設し、国民宿舎「八ヶ岳ロッジ」や「美し森ヒュッテ」も隣接する大規模なレジャー施設だった。〈北杜市高根町・昭和47年・提供＝丸山美奈子氏〉

巨摩神社の秋祭り　小淵沢の産土神である巨摩神社では、春秋の例祭で盛大な祭典が執り行われる。こども御輿に男神輿、女神輿が出て、祭りはいやが上にも盛り上がる。写真は威勢のいい女神輿。華やかな女衆が神輿を勇ましく担ぎ上げている。〈北杜市小淵沢町・平成2年頃・提供＝宮澤書店〉

キノコ屋根の土産物屋　八ヶ岳南麓の豊かな大地で登山、ハイキング、さまざまなスポーツを楽しめる清里は、東京、名古屋からの交通の至便を謳って大ブームになり、土産店も大いに繁盛した。〈北杜市高根町清里・昭和58年・提供＝丸山美奈子氏〉

高原リゾートの人気店　ミルキーハウスは牛のオブジェで有名な店。「オリジナルTシャツ、トレーナー、アクセサリー」の看板が出ていたという。なお、牛のオブジェはその後、須玉にあったが平成の終わりまでには解体された。〈北杜市高根町清里・昭和58年・提供＝丸山美奈子氏〉

清泉寮の牧場　夏の避暑地ののどかな風景だが、ここは循環型の酪農に取り組む本格的な牧場で、昭和26年からジャージー種の放牧、飼育を行っている。写真提供者は、ソフトクリームを食べた思い出があるという。〈北杜市高根町清里・昭和56年・提供＝藤原佐知子氏〉

中嶋レンタルサイクル　清里ブームのさなか、写真提供者の父が経営していたレンタル自転車＆スクーターの店。スクーターは坂道も楽に走れるが免許が必要である。〈北杜市高根町・昭和57年頃・提供＝丸山美奈子氏〉

清春芸術村の美術館前庭で　清春白樺美術館の前庭に立つ「親指」は清春芸術村のシンボル。フランス・マルセイユ生まれの彫刻家・セザールの代表作でもある。写真は、よくあちこちへ連れて行ってくれた叔母さんとの思い出の1枚。〈北杜市長坂町中丸・提供＝昭和58年・提供＝藤原佐知子氏〉

小海線の甲斐小泉駅　昭和8年に小淵沢と清里の間を結ぶ鉄道省小海南線の駅として開業した。現在、駅舎は新築されているが無人駅になっている。〈北杜市長坂町小荒間・昭和50年・提供＝溝口登志裕氏〉

小学校校庭でプレイボール！　白いユニフォームに身をかためたナインは、東京光音電波長坂工場の社員たち。工場長自らが設立した野球チームで試合に臨んだ。場所は旧長坂小学校の校庭。〈北杜市長坂町長坂上条・昭和35年頃・提供＝佐藤陸夫氏〉

小淵沢駅と駅前の歓迎アーチ 小淵沢駅は明治37年に開業した山梨県最西端の鉄道駅。駅前のアーチには「こぶちざわ 緑と太陽と活力の町」とある。〈北杜市小淵沢町・上写真：昭和60年頃・提供＝高見彰彦氏／下写真：昭和63年頃・提供＝溝口登志裕氏〉

韮崎駅からまちを一望　韮崎のまちが大いに賑わっていた頃で駅の利用客も多く、市の繁華街を擁する甲府盆地の向こうに富士山が見える。〈韮崎市本町・昭和42年・提供＝大柴力氏〉

韮崎駅　撮影の5年前には複線化に伴ってスイッチバック運転のなくなった韮崎駅。鉄筋コンクリート2階建ての近代的な駅舎だが、案内板、コカコーラの自販機の上に見えるベランダには布団が干され、のどかさが残る風景。平成26年のリニューアル工事で駅前広場に屋根が付き、その姿を変えた。〈韮崎市若宮・昭和50年・提供＝溝口登志裕氏〉

祝韮崎市市制20周年　韮崎市は昭和29年に市制を施行した。この年に20周年を迎えて記念式典が挙行され、様々な行事も催された。写真は街中を行くパレードのようすである。〈韮崎市本町・昭和49年・提供＝岸本俊子氏〉

甲州街道　江戸幕府が整備した五街道の一つで、甲府から下諏訪間は信州往還とも呼ばれた。江戸中期頃から江戸への流通の道として重要さが増し、沿線が繁栄した。写真の道は県道6号にあたり、中央の洋館風の建物は昭和6年に竣工した理髪店の正直堂である。〈韮崎市本町・昭和40年代・提供＝岩下英樹氏〉

韮崎駅西から北東を遠望する　写真下側を左右に中央本線が走る。左に見えるのはイトーヨーカドー韮崎店。現在は跡地に韮崎市民交流センター・ニコリが建つ。その右の建物群は片倉工業で、ライフガーデンにらさきとなっている。背景は甲斐市と北杜市にまたがる茅ヶ岳と金ヶ岳。山容が八ヶ岳と似ており「ニセ八つ」の異名もある。〈韮崎市若宮・昭和42年・提供＝大柴力氏〉

行商のトラック　物干し竿の行商で使うトラックの前で。「さおだけ屋」は金物店が配達のついでに行うことが多いという。豆腐屋のラッパなど、昭和の街角には物売りの音や声が響いていたものだった。〈甲斐市西八幡・昭和41年頃・提供＝三井千亜紀氏〉

竜王町空撮　北に眺めている。写真中央やや右上に見えるグラウンドは玉幡小学校。左上を斜めに釜無川が流れる。川沿いには玉幡中学校がまだなく、昭和59年に開校する。中巨摩郡竜王町は平成16年に敷島町及び北巨摩郡双葉町と合併し、甲斐市となっている。〈甲斐市西八幡・昭和52年・個人蔵〉

増穂小学校の空撮　同校は昭和47年に火事で校舎2棟と体育館を焼失し、同49年に新校舎が落成した。写真は竣工間もない校舎の全景である。校地の中央上側に、明治期の擬洋風学校建築であり増穂教育のシンボル「太鼓堂」（旧春米《つきよね》学校）が見えている。〈南巨摩郡富士川町最勝寺・昭和49年・提供＝長澤英貴氏〉

増穂小学校の用務員室　家具調テレビ、冷蔵庫、レコードプレーヤーなどが見える。当時、小学校の用務員は住み込みで学校のこまごました仕事をこなし、親の帰りが遅い児童が遊びに寄ることもあったという。増穂小学校には用務員家族が住んでいた。〈南巨摩郡富士川町最勝寺・昭和43年頃・提供＝長澤英貴氏〉

野牛島の諏訪神社の祭り　写真は八田村野牛島の5区が製作した、トラックを飾り付けた山車である。諏訪神社は長野県の諏訪湖近くの諏訪大社を総本社とし、全国に約25,000社もあるといわれる。〈南アルプス市野牛島・昭和55年・提供＝櫻本等氏〉

どんど焼き　白根町有野のどんど焼きのようす。どんど焼きは1月14日に正月飾りや書き初めなどを燃やす行事である。山梨県では小正月の道祖神祭りで行われる。〈南アルプス市有野・昭和60年頃・提供＝櫻本等氏〉

第四回アヤメフェア　滝沢川公園で開催された。櫛形山のアヤメ群落は約8万年前から自生するとされ、東洋一とも賞された。合併前の櫛形町は「アヤメの里」を掲げて滝沢川沿い等に植栽し「アヤメフェア」を開催。南アルプス市となった現在は「滝沢川あやめ祭り」に受け継がれている。
〈南アルプス市小笠原・平成2年・提供＝落合紀実子氏〉

豊小学校の人文字　明治9年に開校し、昭和51年に100周年を迎えた豊小学校。記念に児童らが人文字を作り、航空写真が撮られた。記念行事として100周年記念大運動会なども行われた。〈南アルプス市吉田・昭和51年・提供＝岩間ひとみ氏〉

釜無川いかだ下り　かつて八田村5地区対抗で「釜無川いかだ下り」が行われていた。釜無川に架かる双田橋の下、力作の手作り筏に乗って川を行く。YBS山梨放送なども取材に来たという。〈南アルプス市野牛島・昭和60年代・提供＝櫻本等氏〉

東花輪駅前の眺め　画面外の右側に東花輪駅がある。駅前には日本通運の営業所があった。かつては鉄道による輸送が主流で、各地の駅前に日本通運が営業所を置き「日通」マークの建物が見られた。時代とともに貨物鉄道輸送は減少し、写真の営業所も今はなくなっている。〈中央市東花輪・平成3年・提供＝花輪幹夫氏〉

キネドール・きねやの前で　韮崎駅前の店。洋菓子店だがミートヤキソバが名物メニューで人気を呼んだ。〈韮崎市本町・昭和55年・提供＝藤原佐知子氏〉

工業団地の球技大会　中楯の周辺には昭和町の国母工業団地など工場が多い。写真は工場のグラウンドで開かれた社員同士の親睦を深める球技大会。当時はこうした会社主導の催しが盛況であった。〈中央市中楯・昭和50年代・提供＝笠井知幸氏〉

東花輪駅前の冠水　当時はまだこの周辺は排水などが未整備だった。写真の理髪店の店主は「大雨などの際にはたびたび冠水した」という。〈中央市東花輪・昭和58年・提供＝花輪幹夫氏〉

茶畑で茶摘み　写真は鯨野集落のようす。周辺地域で栽培される茶は、南部茶として知られる銘茶である。温暖な気候などで茶栽培に適した南部町は茶の一大産地で、出荷量は県でも大規模となっている。「甲斐のみどり」として県産茶の統一ブランドでもある。〈南巨摩郡南部町福士・昭和53年・提供＝望月要氏〉

建前の餅投げ　家を建てる際、棟上げが完了した時に行う上棟式は、建前とも呼ばれる。棟上げを無事に終えられたことに感謝し、後の工事の安全を神に祈念する儀式である。建前では賑やかに餅投げも行われ、親戚や近所の人たちが拾い、祝った。〈南巨摩郡南部町福士・昭和58年・提供＝望月要氏〉

増穂南小学校の入学式　「入学おめでとう」の幕が壁を飾る。令和6年現在は児童18人の小さな学校だが、明治6年開校の歴史ある小学校である。アジサイやユズがあり、児童は「ゆずっ子」と呼ばれる。〈南巨摩郡富士川町小室・昭和58年・提供＝樋口和仁氏〉

ヒーローの人形を持って　手前の少年が手にしているのはキカイダーのおもちゃ。当時大人気だった特撮アニメ「人造人間キカイダー」のヒーローである。サイドカー付きオートバイにさっそうと乗る姿に、男の子たちは夢中になった。〈南巨摩郡富士川町長澤・昭和48年頃・提供＝斉藤英貴氏〉

しょうにん通り商店街　瓦屋根に白壁造の外観、高さは3階建て以下、和風に統一された街並み。身延駅前のしょうにん通り商店街である。昭和63年から身延町駅前通り地区の商店街整備が着手され、身延山久遠寺の日蓮聖人を現す「しょうにん通り」としてふさわしく生まれ変わった。〈南巨摩郡身延町角打・平成8年頃・提供＝鮎川智典氏〉

下部リバーサイドパーク　ゲートボール場などに加え、全国で初となるヤマメレース場を備え、この年に開園した公園。写真では多くの大人や子どもたちがヤマメのレースに見入っている。現在の下部温泉やまめ祭りはここを会場に開催されている。〈南巨摩郡身延町上之平・昭和62年・提供＝下部温泉郷〉

マイカーに乗ってドライブ！　母親の実家へ里帰りでドライブし、ひと休みして一枚。マイカーは昭和40年代には多くの家庭に普及していた。〈南巨摩郡身延町大塩・昭和45年頃・提供＝斉藤英貴氏〉

下部駅　富士身延鉄道の駅として昭和2年に開業。下部温泉郷の最寄駅であり、平成3年に下部温泉駅に改称される。大きな駅舎内は長椅子が多数置かれた待合所となっている。〈南巨摩郡身延町上之平・昭和48年・提供＝溝口登志裕氏〉

華やかに出初式　正月に行われる消防の仕事始めの儀式、出初式。新春恒例行事として一般公開され、写真の一斉放水などのような、多彩な催しが見ものである。〈南巨摩郡南部町・昭和51年・提供＝望月昇氏〉

富沢町の体育祭　富河中学校のグラウンドで行われた。当時の運動会は町内を挙げての一大イベントであった。富河中学校は南部中学校、万沢中学校と平成23年に合併し、新設の南部中学校となっている。〈南巨摩郡南部町福士・昭和59年・提供＝望月昇氏〉

鰍沢口駅　昭和2年、富士身延鉄道の鰍沢黒沢駅として開設され、同13年に鰍沢口駅と改称。16年に国有化されて身延線の駅となった。写真の駅舎は平成28年に改築される。〈西八代郡市川三郷町黒沢・平成4年・提供＝溝口登志裕氏〉

市川本町駅　富士身延鉄道の市川本町停留場として昭和5年に開設され、同13年に駅へ昇格した。駅舎は25年に改築され平成18年頃まで使われていた。〈西八代郡市川三郷町市川大門・昭和56年・提供＝市川三郷町役場〉

花見会　満開の正の木稲荷神社。庭園に約60本の桜があり、この季節には多くの人が観桜に訪れる。写真は市川大門老人クラブの花見会のようす。〈西八代郡市川三郷町市川大門・昭和58年・提供＝市川三郷町役場〉

神輿の川渡り　現在は毎年4月の第一日曜日に行われ、通称「神輿の川渡り」と呼ばれる御幸祭。表門《うわと》神社から神輿が御崎神社まで練り歩く神事で、約800年前から続いている。上写真では三珠地区の矢作、町屋の独身男性が神輿を担いで芦川を渡っている。下写真に写っている2匹の狐は御幸祭で先導役を務める。一同の後ろは表門神社拝殿である。〈上写真：西八代郡市川三郷町／下写真：西八代郡市川三郷町上野・昭和45年・提供＝渡辺日出子氏〉

玉幡小学校の運動会　「43秋季大運動会」と書かれた入場門が見える。写真は各クラス対抗の仮装行列のようすか。マッチ売りの少女に扮しているのは先生だろうか。〈甲斐市西八幡・昭和43年・提供＝三井千亜紀氏〉

玉幡小学校空撮　昭和46年に新築された鉄筋造三階建ての校舎が写る。プールの右隣は同55年に増築された校舎。左端には写真の年に完成した中部体育館（竜王体育館、現玉幡体育館）が見える。〈甲斐市西八幡・昭和57年・個人蔵〉

わに塚の桜とトラクター　「わに塚」の上の一本桜は、現在では樹齢約330年となる見事なエドヒガンザクラである。わに塚の由来には、日本武尊の王子・武田王の墓や、王仁族の居住地など、諸説がある。写真は桜の周囲にまだ柵がなかった頃。現在はライトアップもされている。〈韮崎市神山町北宮地・昭和42年・提供＝大柴力氏〉

鯉のぼりの糊落とし　かつては釜無川で行われており、川の水で泳ぐ色鮮やかな鯉のぼりは早春の風物詩であったという。〈甲斐市・昭和40年・提供＝大柴力氏〉

おしんぷさんの祭礼　「おしんぷさん」は新府城跡藤武神社の通称である。現在は毎年4月第3日曜日に開催される。〈韮崎市中田町中條・昭和48年・提供＝大柴力氏〉

大石製糸場　韮崎本町にあった工場で、写真は繭から糸を取る作業のようす。〈韮崎市本町・昭和50年・提供＝大柴力氏〉

白馬の馬車　清里ブームの折には馬車も運行された。清里のカレーの名店「喫茶店 ROCK」付近から清里駅までのルートであった。〈北杜市高根町清里・昭和58年・提供＝丸山美奈子氏〉

御柱祭の舞　上今、下今の2諏訪神社では、7年目ごとに御柱祭が執り行われる。祭りでは同神社の巫女たちによる浦安の舞と悠久の舞が奉奏される。〈南アルプス市・昭和61年・提供＝岩間ひとみ氏〉

巻頭言

山梨大学名誉教授　**齋藤康彦**

「巨摩・市川三郷の１００年」を端的に表現する言葉は、「景観の変貌」である。

百年前、峡西地域の産業は「米と繭」に支えられていた。養蚕業を前提に製糸業が展開していた。昭和初年には県下の畑面積の過半は桑園であった。特に、水利に恵まれなかった原七郷には桑園が広がっていた。

一方、昭和三年には富士川を北上してきた富士身延鉄道が全線開通し、峡北での小海南線の工事も着工され、また、翌年には甲府と増穂《ますほ》町をつなぐ山梨電気鉄道の敷設工事も始まった。しかし、昭和恐慌の嵐が吹き荒れ養蚕・製糸業は不振に陥った。不況を背景に小作争議も頻発した。それまで広大な原野が広がっていた清里地域では、ポール・ラッシュによる農業改良が進み酪農地帯に変貌した。十三年に清泉寮が完成し、戦後の「観光地清里」を用意した。

戦後、県は製糸業の復興に努めた。しかし、化学繊維の普及と、服飾習慣の変化は製糸業を不振に陥れた。養蚕業の凋落に直面した農家はモモやブドウといった果樹栽培に活路を見出した。二十六年に県営発電事業計画が樹立され、翌年、県総合開発事業も開始された。三十四年、種なし葡萄の成功は葡萄栽培に拍車を掛け、西郡地域では果樹栽培が一層広まり、桑園は果樹園へと変わっていった。

昭和三十一年山梨県は首都圏に包含され、静岡県清水から富士川に沿って北上し、韮崎から甲府に至る国道五二号の改築は、沿線の経済活動を大きく変えた。わが国の食生活の変化と交通網の整備が「果樹王国山梨」を築いたのである。また、峡西地域の農業は都市近郊農業地帯になっていった。昭和三十九年、静岡、長野、山梨にまたがる山岳群は南アルプス国立公園に指定され、多くの登山客を呼び込むこととなる。

昭和三十七年に愛称「ボロ電」が廃止され、自動車社会へと突入していく。昭和四十年代半ば以降、工業生産額が急増し、山梨県は「工業立県」の性格を強めた。従来の繊維、木材、食料品といった業種から金属製品・一般機械・精密機械等の業種への転換が進んだ。それは、国母《こくぼ》工業団地の造成に始まり、甲西・釜無・身延の工業団地の建設による県外企業の誘致・開業の結果である。なお、五十一年には中央自動車道の韮崎以北が開通し、五十七年には県内で中央自動車高速道路道が全通する。六十三年にはテクノポリス開発計画が承認され、先端技術産業の立地が増加した。平成元年、リニア実験線が決定した。

今後、山梨県の交通網は劇的に変わる。中部横断道自動車道と新東名高速道路の連結、リニア中央新幹線の完成も近い。来日する外国人旅行者の急増も著しい。これらに対応した地域社会の構築は急務である。

1

2

3

1 小正月の柳立て〈南巨摩郡南部町福士・平成6年・提供＝望月要氏〉

2 年末に親戚が集まり餅つき〈韮崎市岩下・平成17年・提供＝岩下幸夫氏〉

3 農林高校東本館校舎〈甲斐市西八幡・昭和28年・提供＝農林高校〉

4 甲陵高校の雪だるま〈北杜市長坂町長坂・平成27年頃・提供＝甲陵高校〉

5 宇津谷の畑で桃に袋掛け作業〈甲斐市宇津谷・平成5年・提供＝鰻池康宣氏〉

6 商店街にて電髪でお洒落〈南巨摩郡富士川町青柳町・昭和37年頃・提供＝深澤純氏〉

凡例

一、本書は、北杜市・韮崎市・南アルプス市・甲斐市・中央市・中巨摩郡（昭和町）・南巨摩郡（富士川町・身延町・南部町・早川町）・西八代郡（市川三郷町）で明治から現代までに撮影された写真を、テーマごとに分類して収録したものである。

二、写真解説文末尾〈　〉内に、撮影地の現在の地名（町名や大字まで）、撮影年、提供者・撮影者名を付記した。例外として、航空写真や俯瞰撮影など、撮影地点が広範囲にわたる場合や、撮影地が不確かな場合は、自治体名の表記のみかあるいは撮影地表記を省略したものがある。

三、解説文中の名称や地名は、写真撮影当時に使われていた呼称を使用し、現在使用されていないものには、適宜（　）内に令和六年十一月現在の呼称を表記した。

四、用字用語は、原則として一般的な表記に統一したが、執筆者の見解によるものもある。

五、文中の人名は、原則として敬称を略した。

第Ⅰ部

学校での奉祝行事〈北杜市・昭和初期・提供＝宮澤書店〉

「昭和の大合併」前（昭和28年）の巨摩・市川三郷の町村

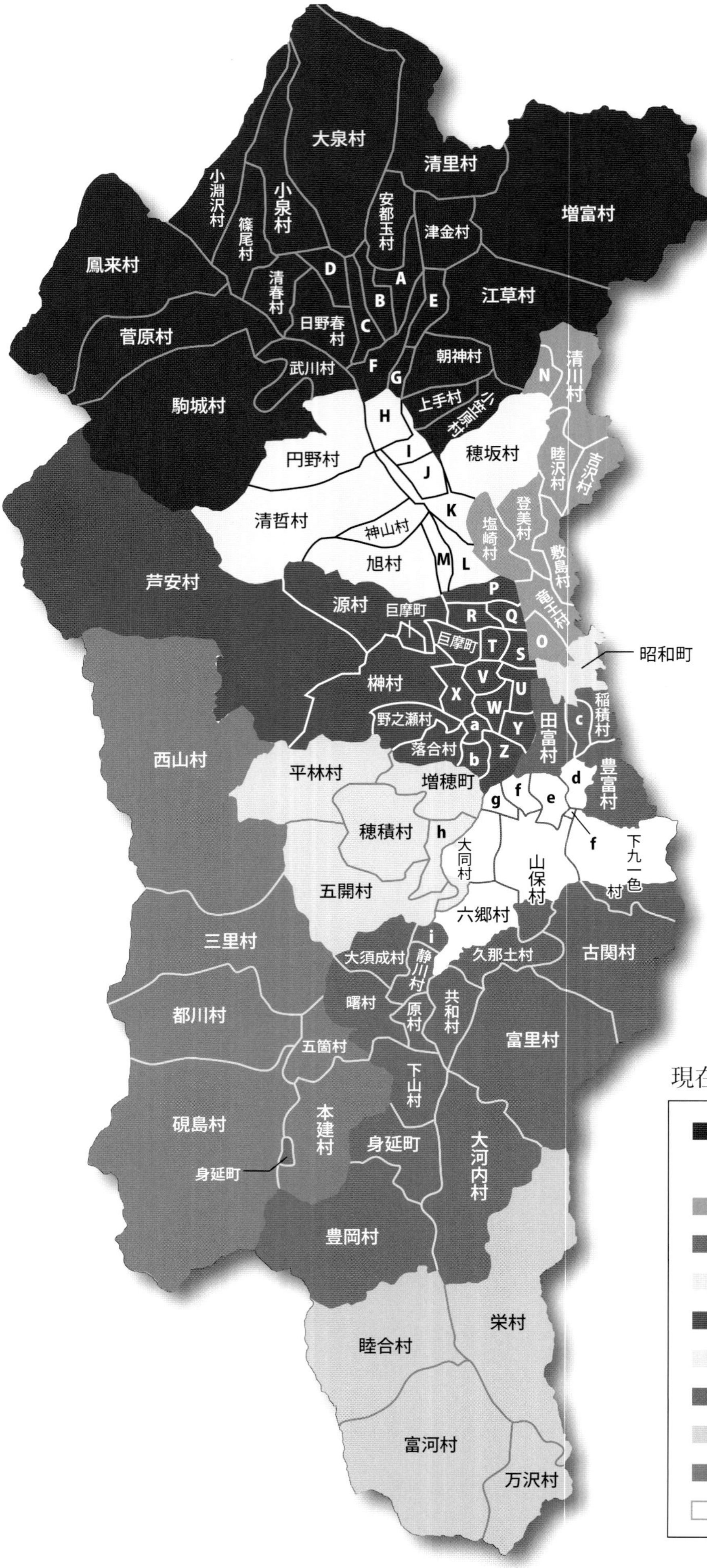

A：安都那村
B：熱見村
C：甲村
D：秋田村
E：多麻村
F：若神子村
G：穂足村
H：穴山村
I：中田村
J：藤井村
K：韮崎町
L：龍岡村
M：大草村
N：睦沢村
O：玉幡村
P：御影村
Q：田之岡村
R：百田村
S：今諏訪村
T：西野村
U：鏡中条村
V：豊村
W：三恵村
X：小笠原町
Y：藤田村
Z：南湖村
a：大井村
b：五明村
c：三町村
d：大塚村
e：上野村
f：市川大門町
g：高田村
h：鰍沢町
i：西島村

現在の市町域

北杜市
韮崎市
甲斐市
中央市
昭和町
南アルプス市
富士川町
身延町
南部町
早川町
市川三郷町

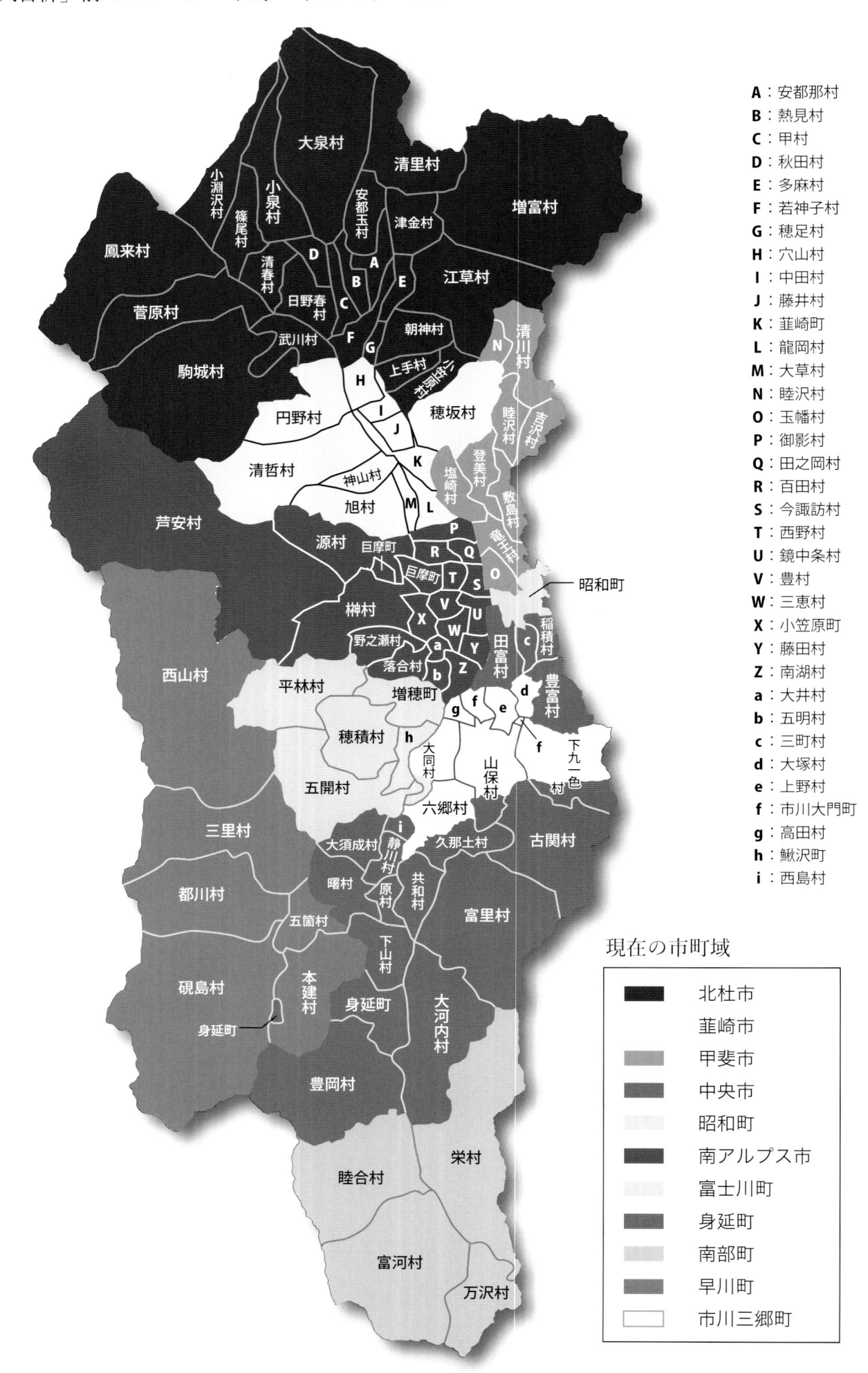

1 明治～大正の暮らし

明治五年、県下四郡の二六町七九六村は、山梨と八代は十六、巨摩は三十五、都留は十二に区分された。翌年、山梨郡第二区が分割され八十区となった。同十一年の「郡区町村編制法」で山梨と八代は東西に、巨摩は北、中、南に、都留は南北に編成された。

近世甲斐の国中《くになか》の三郡では信玄遺制の大小《だいしょう》切《ぎり》租法が適用されていた。地租改正に先立って政府は、その廃止を強行し、山梨県庁は謀略をもって東郡農民の反対運動を粉砕した。しかし、巨摩郡の西八幡、玉川、鍋山、浅原の諸村は、全国的にも少ない「明治九年第六八号布告」で処分されるまで抵抗した。同時に、三五万町歩余の小物成《こものなり》地は、官有地となり入《いり》会《あい》慣行は否定された。明治二十二年、官有山林原野は皇室御料地に編入された。

藤村紫朗県令は、在家塚村出身の若尾逸平や、穴山村の栗原信近の協力を得て殖産興業を推し進めた。栗原は、西郡地域の綿花栽培を基礎に市川大門村に洋式紡績所を建設するも、松方デフレで挫折する。明治十六年をピークに、北巨摩や中巨摩での綿作栽培は減少し、養蚕地帯へと変貌し、やがて器械製糸業の中心地は、東郡地域から甲府や中巨摩郡に移っていく。

甲州の物流の動脈を担ったのは鰍沢、青柳、黒沢の三河岸の富士川舟運であったが、御廻《ごかい》米《まい》の廃止で大打撃を受けた。明治七年に、富士川運輸会社が設立されて殖産興業への取組が、その役割を変えた。富士川舟運が最盛期であったのは皮肉にも中央線敷設事業の物資の輸送であり、中央線の開通後は振るわなくなった。

器械製糸業の発展と養蚕業の温暖育の普及は薪炭需要を急増させた。甲府盆地周辺の山林は荒廃し、明治四十、四十三年には大水害が発生した。これを機に御料地が下賜《かし》され恩賜県有財産となった。

明治十六年に四十八・一であった本県の小作地率は、四十一年に全国第四位の五十五・八パーセントに上昇した。明治末年、農家の七十三・五パーセントが、自小作農あるいは小作農であった。本県は全国屈指の地主制の展開地域といえる。大正十二年『五十町歩以上大地主』調査では、藤田村の広瀬和育と増穂村の小林八右衛門がそれぞれ百二十八町歩であり、百十町歩の塩崎村の網倉平輔など、本書の対象地域でも十人の大地主がいた。これに伴い大正十一年には鏡中条争議《かがみなかじょうそうぎ》、十二年には地主側の立毛《たちげ》差押《さしおさえ》を阻止した南湖村の立毛差押事件、十四年には地主の土地立入禁止仮処分却下の判決を勝ち取った玉幡村争議など、小作争議が頻発した。

大正天皇御大典記念陸上大会出場選手　大正4年11月10日に京御所において大正天皇の即位の礼が執り行われた。これを祝い全国各地で祝賀行事が繰り広げられたが、写真の陸上大会もその一つ。大井ケ森公民館の前で撮影され、左端に写真提供者の父が写る。〈北杜市長坂町・大正4年・提供＝清水太一氏〉

若《わか》神《み》子《こ》郵便局①　雪の朝、立派な局舎が写る。雪かき後の撮影だが、写真に見える除雪用のスコップは木製で重く、局員は作業が大変だったという。若神子郵便局は明治７年の開局。電気通信も取り扱う三等郵便局で、職員の数も多かった。〈北杜市須玉町若神子・明治43年・提供＝伊藤隆一氏〉

若神子郵便局②　上写真よりも時代が下っている。局舎の前で、局員らが記念撮影。〈北杜市須玉町若神子・大正末期頃・提供＝伊藤隆一氏〉

實相寺の神代桜　樹齢二千年ともいわれる日本三大桜の一つ。日本武尊が東国へ遠征された際に立ち寄り桜を植えたと伝えられている。また日蓮聖人がこの地に来た際、衰弱している桜を見て回復を祈願したところ、繁茂したという言い伝えもあり「妙法桜」とも呼ばれる。大正11年に「山高神代ザクラ」として国の天然記念物に指定。かつては、村中挙げて桜の開花時期に賑やかな花見が行われていたという。〈北杜市武川町・大正時代・提供＝岩下英樹氏〉

石置屋根の残る集落　板葺き屋根の上に強風対策で多くの石が載せられている。これは風の強い山間部の民家に多く見られる、古くから用いられてきた屋根である。〈北杜市・年代不詳・提供＝岩下英樹氏〉

甲斐駒ヶ岳五合目の屏風岩　駒ヶ岳は古くから信仰と修験道の霊山として知られる。江戸時代末から戦前までは「駒ヶ岳講」が盛んで、多くの人が登拝した。現在黒戸尾根コースと呼ばれる駒ヶ岳神社から続くルートは、甲斐駒ヶ岳の表参道であるが、急な岩場などが続き昔からの梯子や鎖場などが今でも残っている。写真の後、昭和2年に屏風小屋が建てられるが、そちらはなくなっている。〈北杜市白州町・大正13年頃・提供＝今橋武氏〉

摂政之宮御成婚記念敬老会　大井ヶ森の青年会と処女会の主催で開催された。「処女会」とは大正末頃まで使用された女子の青年団の呼称である。撮影された大正13年1月26日は摂政宮が結婚された日で、全国で奉祝の記念行事が行われた。摂政宮とは後の昭和天皇のことで、大正10年に父である大正天皇の体調悪化により摂政に就任されていた。場所は諏訪神社前で、現在の神社はうっそうとした森に包まれている。〈北杜市長坂町大井ケ森・大正13年・提供＝清水太一氏〉

駒ヶ嶽神社の鳥居　同神社は、甲斐駒ヶ岳の登山口に文化年間（1804～1817）に開山されたと伝わる。写真の鳥居は駒ヶ岳の八合目付近にあったが、平成15年に倒壊し今はない。〈北杜市白州町横手・大正14年頃・提供＝今橋武氏〉

韮崎本町旧景　釜無川のほとりから七里岩方面を望んでいる。現在の韮崎市本町1丁目付近のようすで、田んぼを始め、辺り一帯は一面の雪に包まれている。〈韮崎市本町・大正時代・提供＝岩下英樹氏〉

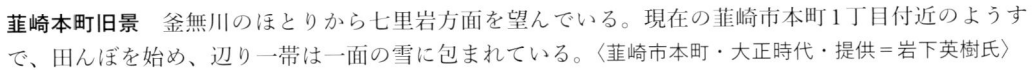

小泉村徴兵検査記念撮影　明治6年に制定された徴兵令により、男子は満20歳で徴兵検査を受けることが定められた。検査の結果、甲乙丙丁と分類され、丙種までが合格、丁種は不合格だった。前列左から4番目が提供者の父である。〈北杜市長坂町・大正14年・提供＝清水太一氏〉

国勢調査員記念撮影　この年の国勢調査は、大正9年の第1回に続いて行われた第2回目で、簡易的なものだった。調査項目は氏名、男女の別、出生の年月、配偶の関係の4項目だった。〈北杜市長坂町・大正14年・提供＝清水太一氏〉

大正時代の韮崎本町①　江戸時代には甲州街道の宿場・韮崎宿が設置され、甲斐と信濃を結ぶ交通の要衝であった。また甲州街道と駿信往還、佐久往還の分岐点であることや、富士川舟運からの荷揚げもあり、物資を輸送する「中馬」でも大いに賑わった。通りの右側の蹄鉄が飾られている店は鍛冶屋か、馬に関連した商店だろう。〈韮崎市本町・大王時代・提供＝岩下英樹氏〉

大正時代の韮崎本町②　雪の夜。道路に置かれた大八車に雪が降り積もっている。韮崎は降雪が少ない土地であるが冬の気温は低く「八ヶ岳おろし」と呼ばれる冷たい風が吹く。〈韮崎市本町・大正時代・提供＝岩下英樹氏〉

韮崎尋常高等小学校裏のガード下トンネル　トンネルのすぐ上を中央線が通っていた。明治36年に開設された韮崎駅はスイッチバック式の駅で、写真でも2本のガードが見える。昭和45年、中央本線の複線化によりスイッチバック運転は廃止されている。〈韮崎市本町・大正時代・提供＝岩下英樹氏〉

釜無川堤防から北西を遠望　河原では大規模な集会が開かれているが、詳細は不明。この場所は釜無川沿いの船山河岸近くで、現在の船山橋辺り。大正時代後半に青年団が使用するグラウンドが整地され、青舟グラウンドと呼ばれていた。〈韮崎市本町・大正時代・提供＝岩下英樹氏〉

姫宮神社の土俵づくり　奉納相撲で使用される土俵を作っているところと思われる。同神社は昔から草相撲が盛んで、今でも8月の例祭日に奉納相撲が執り行われる。高い位置からの写真なので、神社本殿の屋根の上から撮ったのだろう。〈韮崎市本町・大正時代・提供＝岩下英樹氏〉

枯露柿《ころがき》の品評会　枯露柿とは干し柿のこと。古来天日干しによって乾燥するので、10月から11月の晩秋に温度が下がり、降雨量の少ない地域でよく生産される。〈韮崎市本町・大正時代・提供＝岩下英樹氏〉

蔵前院《ぞうぜんいん》周辺　右側の敷地が曹洞宗の向富山蔵前院か。蔵前院は江戸時代初頭の創建。韮崎小学校が明治6年に開校した時には、新校舎が建築されるまで同院を使用していた。〈韮崎市中央町・大正時代・提供＝岩下英樹氏〉

床屋・日盛館①　甲州街道県道６号、大正時代のようす。北巨摩郡甲州街道、現在の県道6号沿いにあった。「美髪舗」と大書された看板が掲げられ、入口には「BARBER」と英文字の暖簾が下がる。モダンな引き戸もあり、この時代にはさぞかし異色の店だったろう。〈韮崎市本町・大正９年頃・提供＝岩下英樹氏〉

床屋・日盛館②　店内のようす。鏡の額装やハイカラな椅子など、内装も凝った理髪店だった。〈韮崎市本町・大正９年頃・提供＝岩下英樹氏〉

本町から甘利山を望む　写真中央を左右に釜無川が流れている。〈韮崎市本町・年代不詳・提供＝岩下英樹氏〉

鍛冶屋　甲州街道の宿場町だった韮崎は交通の要所で、多くの人馬が行き交った。鍛冶屋では農具や刃物のほか、馬の蹄鉄も打っていた。〈韮崎市本町・大正時代・提供＝岩下英樹氏〉

摂政之宮御成婚記念　更科村処女会が勝手神社の前で記念撮影。32ページ下写真と同様に更科村でも摂政之宮（後の昭和天皇）の御成婚を祝い奉祝行事が行われた。処女会とは当時の女子青年団の呼称。行事の詳細は不明である。勝手神社は応和元年（961）創立の歴史ある神社で更科村の村社でもあった。〈韮崎市岩下・大正13年・提供＝岩下幸夫氏〉

更科村岩下養蚕組合創立満十周年記念　もともと農家の副業程度だった養蚕は、明治政府が養蚕を奨励して以降発展していった。明治19年、北巨摩郡の養蚕組合が創設されると、同郡では各町村に組合が設置された。更科村の組合設立は大正6年、同11年の養蚕家数は70戸だった。〈韮崎市岩下・大正14年・提供＝安部修氏〉

駒沢開墾地記念撮影　宇津谷の駒沢は、現在の中央自動車道よりも高い山の上にある。食糧増産のために開墾し、さつまいも等を植えたという。〈甲斐市宇津谷・大正7年・提供＝柳本胖氏〉

芸妓たち　江戸時代に宿場町であった韮崎には芸妓屋があり、大正時代には2軒あったと記録に残っている。写真は料理屋で撮影されたものと思われる。〈韮崎市本町・大正時代・提供＝岩下英樹氏〉

雲岸寺の窟観音で　通称「穴観音」の御堂横で撮ったもの。雲岸寺は寛正5年（1464）の開基。当初は真言宗の道場で、江戸時代初めに曹洞宗に改宗し開山した。窟観音は空海が掘ったと伝えられる石仏で、七里岩の端の崖にある。〈韮崎市中央町・大正時代・提供＝岩下英樹氏〉

粘土節舞踊　釜無川流域の破損した堤防を修築する際に歌われた民謡。明治時代、歌の上手な小井川村のお高が歌いながら粘土をついたところ、若い衆が我先にと参加し、作業がはかどったという。堤防工事完了後も歌は田植えや盆踊りなどで歌い継がれ、「粘土節」という名になった。〈中央市・大正15年・提供＝中央市〉

甲州身延山全景　標高1,153メートルの身延山に日蓮が入山し弘安4年（1281）に堂宇を建築、以来「身延山妙法華院久遠寺」として全国から多くの参詣者が訪れる。総門から三門までは門前町として多くの商店が軒を連ねる。写真左の身延川の奥に総門が見える。身延熊王商店発行の絵葉書より。〈南巨摩郡身延町身延・個人蔵〉

甲州身延山三門前　久遠寺の三門を背にして門前町方面を望んでいる。下写真の梅屋旅館から撮影したもの。門前町は身延川横の狭い段丘上にある。三門付近は旅館や土産店などが多いが、地元の人たちが通う雑貨店や食料品店も混在する商店街でもあった。絵葉書より。〈南巨摩郡身延町身延・個人蔵〉

三門前梅屋旅館　3階建ての立派な旅館である。身延山には数多くの宿坊があったが、大正10年の日蓮聖人生誕七百年慶賛事業以降、旅館が増加していった。昭和初期には同館の他に田中屋、玉屋、沙子屋、山田屋などの旅館があった。絵葉書より。〈南巨摩郡身延町身延・個人蔵〉

久那土村車田支部功労者感謝贈呈記念　詳細は不明。車田地区は役場のある三沢に次いで大きな集落で、久那土村の中心にあった。久那土村は昭和31年に下部町に編入される。〈南巨摩郡身延町車田・大正15年・提供＝日向久子氏〉

久那土尋常高等小学校尋常科卒業記念　同校は明治6年創立の車田学校を嚆矢とする。同22年の久那土村発足時に久那土尋常小学校と改称。32年に高等科が設置された。大正14年度の全校児童数は361人で男子と女子がほぼ半々だった。久那土小学校は平成29年に西島小学校と統合とされて閉校となり、長い歴史に幕を下ろした。〈南巨摩郡身延町車田・大正15年・提供＝土橋輝雄氏〉

発電所建設の櫓《やぐら》　柿元ダム建設の櫓で、現場は井出地内水口山の頂上付近、櫓は山砂利とセメントを現場に送るもの。人の力で工事を行っていた時代である。〈南巨摩郡南部町福士・大正時代・提供＝佐野辰巳氏〉

建設中の市川座　市川大門にあった芝居小屋。市川代官所があった市川大門には多くの人が集まったため、芸道も盛んな土地であった。〈西八代郡市川三郷町市川大門・明治45年・提供＝丹沢寿賀子氏〉

市川女子実業補修学校第一回卒業生　同校は大正3年に市川大門町立として開校。昭和3年に市川実家女学校、同18年に市川高等女学校となり、戦後の学制改革で市川高校となった。〈西八代郡市川三郷町市川大門・大正5年・提供＝土橋永氏〉

市川尋常高等小学校校旗寄贈記念　提供者の祖父（明治12年生まれ）が42歳の厄年に校旗を寄贈した。同校は代官所の跡に創設された「日新館」を前身とし、明治5年に市川学校となった。背後は大正5年に旧代官屋敷跡に建築された木造校舎。〈西八代郡市川三郷町市川大門・大正10年・提供＝村上善雄氏〉

市川尋常高等小学校卒業写真　同校は児童数が多く大正5年度でも千人近くいたという。卒業式のため男女とも羽織を着用している。〈西八代郡市川三郷町市川大門・大正13年・提供＝村上善雄氏〉

市川幼稚園でアメリカ人形歓迎会　市川幼稚園は大正6年にカナダメソジスト教会の宣教師により市川教会を母体として創立された。当初の仮校舎が狭くなったため同13年に2階建てと平屋建ての園舎を建設。背後がその新園舎である。「青い目の人形」はアメリカと日本の親善の人形として日本に贈られ、全国の小学校や幼稚園へ届けられた。〈西八代郡市川三郷町市川大門・昭和2年頃・提供＝村上善雄氏〉

2 昭和初期の暮らしと風景

昭和元年は一週間で終わったが、山梨県の「昭和」は、「甲州財閥」の雄であった若尾銀行を破綻させた翌二年の金融恐慌で幕を開けた。さらに、同四年には日本産生糸の主要な輸出先であったアメリカを震源とする世界恐慌が、養蚕・製糸業で支えられた山梨県の経済基盤を激しく痛打した。翌五年には南巨摩郡増穂村の小林富士井銀行で取り付け騒ぎが発生し、六～七年にかけては、県内、各地で銀行の解散が相次いだ。

世界恐慌の影響で繭価格が暴落した。具体的には、ピークといえる大正十四年には一石当たり一〇五円であった繭が、昭和五年には三〇円と、三分の一以下に下落したのである。養蚕農家が丹精した繭を川へ投げ込む光景が各地で見られたという。これに、大豊作であったが故に「豊作貧乏」となって、米の価格が六割に下落した。「米と繭」で支えられた生産構造は大きく動揺した。なお、西郡地域で果樹栽培がはじめられたのは農村恐慌の時である。

恐慌の影響で破綻に直面した地主は土地の取り上げを強行する。当然、これに抵抗する小作農民との対立は激化する。昭和五年の中巨摩郡大鎌田村と落合村の争議は全国的にも知られた大争議となり、翌六年には中巨摩郡龍王村でも小作争議が突発した。一方、政府も農村不況克服のために、農業更生運動を展開した。本書の対象地域でも、昭和七年には三〇村が指定されている。

この一方で、昭和三年には身延線が東海道線の富士と甲府間で全通したのをはじめ、七年には山梨電気鉄道が甲府と増穂村青柳間を結び、八年には小海線の小淵沢～清里間が開通した。これらによって人びとの移動範囲は拡大し、その流れは大きく変わった。なお、若尾逸平が行った釜無川への木橋による開国橋の架橋は明治三十二年であったが、大正十三年にはコンクリート橋となった。

東北地方で見られた欠食児童は少なかったが、『玉穂町誌』によれば、本県では「米どころ」といわれた玉穂でも、普段の主食に白米を食べることはなく、米五、麦五の「お半飯《はんめし》」であり、場合によっては米三、麦七のこともあったという。夕飯は、勿論、ほうとうであった。副食は漬物、梅干、味噌汁であり、田螺《たにし》であるツボや、昆虫のイナゴなどもカルシウム源として重宝されていたという。

昭和天皇即位の御大典記念　韮崎本町にあった劇場・寿座の前で神輿を繰り出すところ。写真提供者の父は芝居の公演の際に裏方として手伝っていたという。〈韮崎市本町・昭和3年・提供＝小林英雄氏〉

小淵沢村役場前にて　小淵沢村は明治22年に誕生し、昭和29年まで続いた。写っているのは村の幹部たち。この頃の村長は鉄道の小海線の開通に尽力した宮澤三雄である。〈北杜市・昭和元年頃・提供＝宮澤書店〉

屏風岩前の屏風小屋　甲斐駒ヶ岳の5合目にあった山小屋である。当時は横手の駒ヶ嶽神社の土地で、費用を同神社が捻出して昭和2年に建てた。小屋の看板に「宿泊料四拾銭」と書かれている。〈北杜市白州町・昭和初期・提供＝今橋武氏〉

日野春競馬場　丸太で組んだ櫓《やぐら》や柵にぎゅうぎゅう詰めに押しかけて馬を応援する人びと。その熱気が伝わってくる一枚だ。大正時代から昭和初めにかけて日野春村の塚川地区に競馬場があったが、10年ほどで閉鎖された。〈北杜市長坂町塚川・昭和5年頃・提供＝宮澤書店〉

武道大会の優勝記念　大井ケ森支部のメンバーが優勝した時に小泉村大井ケ森の公民館前で撮影。現在も同じ場所に新しい公民館が建っている。写真中列左から3番目に写真提供者の父が写る。〈北杜市長坂町大井ケ森・昭和3年・提供＝清水太一氏〉

日野春村警察署主催の演武大会　長坂駅部員の柔道部が優勝したことを記念して撮影した。〈北杜市長坂町・昭和3年・提供＝清文堂書店〉

お正月に友達と　仲のいい小学校の同級生たちと手をつないで、お正月の晴れ着を着てニッコリ。全員がおかっぱ頭である。〈北杜市須玉町・昭和7年頃・提供＝伊藤隆一氏〉

若神子村の消防組　ガス式のポンプ車を購入した際に記念に撮った一枚。当時はポンプを喞筒（そくとう）と書いた。写真右には、これまで使用されてきた手動のポンプが写り込んでいる。〈北杜市須玉町若神子・昭和9年・提供＝伊藤隆一氏〉

小海線の全線開通①　小淵沢から小諸駅間が全通したことを祝して駅前に集まる人びと。気合の入った「忠臣蔵」の仮装をして賑々しい雰囲気だ。〈北杜市小淵沢町・昭和10年・提供＝宮沢裕夫氏〉

小海線の全線開通②　祝いに駆けつけた地元の人びと。鉄道が開通することは、地方の農村に経済発展の希望をもたらすことでもあった。背景に釣られている「日の出 十二月号」の紙は、新潮社の発行する大衆雑誌の最新号を知らせるチラシ。〈北杜市小淵沢町・昭和10年・提供＝宮澤書店〉

日野春駅前　「武運長久」「盡忠報国」と書かれた塔がこの時代を物語る。一方で、南アルプス連峰表口登山下車駅とも書かれており、現代と変わらぬアルプスの玄関口としての顔もうかがえる。写真左に写る子どもらは実に楽しそうな表情をしている。〈北杜市長坂町富岡・昭和10年代・提供＝山本政博氏〉

日野春村富岡の開拓神社の祭り　県令の藤村紫朗は明治7年に、原野であった日野春の開拓を命じた。開拓事業の成功とともに明治23年に開拓神社が創建された。開拓に尽力した富岡敬明に敬意を表して、日野春駅周辺の大字には彼の名字である「富岡」が付けられている。〈北杜市長坂町富岡・昭和10年代・提供＝山本政博氏〉

村の道祖神の遷座記念　道祖神の名前は箕輪新田道祖大神という。山梨県は道祖神祭りが盛んな土地である。大きな松の木は御神木であろう。砂利道は旧141号である。〈北杜市高根町・昭和12年・提供＝小林敏氏〉

葬列の人びと　長坂上条の清文堂書店の前を行く葬列。先頭は馬に乗った僧侶である。写真提供者の祖母の葬儀を写したもの。〈北杜市長坂町長坂上条・昭和13年・提供＝清文堂書店〉

菅原尋常高等小学校の木造校舎　明治8年に誕生した菅原村の学び舎として始まり、地域の教育を担ってきた。昭和52年に駒城小学校、鳳来小学校の3校と統合して白州小学校となった。〈北杜市白州町・昭和13年・提供＝大久保厚子氏〉

駒ヶ岳神社の例大祭の神楽　名峰・甲斐駒ヶ岳の登山口にあたるこの地に前宮として建立された。毎年4月に行われる例大祭では太々神楽を披露する。〈北杜市白州町白須・昭和14年・提供＝今橋武氏〉

百観音自動車　大正15年に穂足村百観音で設立された乗合バス及び貨物運輸を扱う自動車会社である。道路はまだ舗装されていない。後に様々な自動車会社と合併して山梨交通となる。〈北杜市須玉町藤田・昭和16年・提供＝山本政博氏〉

清文堂書店　戦前から続く老舗書店である。店の入口に「北巨摩郡発育会・体育研究部事務所」の札が掛けられており、地域の教育に貢献していたことがうかがえる。〈北杜市長坂町長坂上条・昭和17年・提供＝清文堂書店〉

いとこたちとパチリ　親戚宅の庭でおしゃれをして藤製の椅子に座って記念撮影を行った。庭木がまだ若いので、家を普請したばかりなのだろう。〈韮崎市岩下・昭和5年・提供＝岩下幸夫氏〉

韮崎本町にかつてあった米屋　店名は不明だが立派な屋敷や身なりの良さから繁盛ぶりがうかがえる。地面に敷かれている軌道は運搬用のトロッコのためのもの。〈韮崎市本町・昭和初期・提供＝岩下英樹氏〉

甲州名産の枯《こ》露《ろ》柿《がき》作り　晩秋の甲州で見られる風物詩である。11月頃に風通しの良い家屋の屋根や軒先に柿を20日ほど干す。〈韮崎市本町・昭和初期・提供＝岩下英樹氏〉

更科村の村道の竣工記念　村の重鎮たちが勢揃いして道路の完成を喜んだ。背景の建物は今も残る慈眼院で、塩川から200メートルほど離れた岩下地区にある。〈韮崎市岩下・昭和8年・提供＝岩下幸夫氏〉

武《む》川《かわ》米《まい》の献上記念　古来釜無川流域でとれる武川米を皇室に献上した際に、龍岡の生産者らが記念撮影を行った。龍岡出身の県会議員の自宅で写した。〈韮崎市龍岡町・昭和10年・提供＝三浦美枝子氏〉

馬小屋の前で　写真提供者の父が在郷軍人で、家で馬を飼育していた。馬小屋を背景に家族で撮影。軍馬に出せるほどの立派な馬だったという。〈韮崎市岩下・昭和10年代前半・提供＝藤原孝行氏〉

更科村岩下の上之山線道路竣工記念①
明治8年に岩下村と上野山村が合併して更科村が誕生した。この道路ができた翌昭和12年に更科村は韮崎町に編入される。〈韮崎市岩下・昭和11年・提供＝岩下幸夫氏〉

更科村岩下の上之山線道路竣工記念②
九十九《つづら》折りになった急な坂道を切り拓くのは並大抵のことではなかったであろう。〈韮崎市岩下・昭和11年・提供＝安部修氏〉

韮崎町にあった映画館・寿座　昭和4年から36年まで劇場として地域の人びとに娯楽を提供した。経営者は赤井国太郎で、揃いの法被《はっぴ》には赤井興行部と書かれている。2階の窓から子どもがひょっこり顔を出している。〈韮崎市本町・昭和12年・提供＝小林英雄氏〉

更科橋の渡り初め　昭和12年4月1日、塩川に架かる橋が開通し、神主を先頭に式典を行った。川原で大勢の人びとが見物しており、橋が完成した喜びが感じられる。〈韮崎市岩下・昭和12年・提供＝安部修氏〉

田んぼで野良作業　稲を刈った後に麦を播き二毛作を行うため、大きな木製の犂《すき》を夫婦で引いて畝立てをしている。山梨ではこのように人力で引く犂を「夫婦犂《めおとすき》」と呼んだ。扇状地の砂礫や粘土といった重い土を忍耐強く開墾してきた。〈韮崎市・昭和15年・提供＝穴水操氏〉

養蚕の桑の葉を背負う馬　写真提供者の家で飼っていた馬・春山号。母親が桑の葉をどっさり載せている。山梨は「養蚕王国」とも呼ばれ、生糸の生産が盛んであった。〈韮崎市岩下・昭和10年代後半・提供＝岩下幸夫氏〉

昭和の御大典　宇津谷駒沢の男女青年会が集まり記念撮影。昭和3年に行われた即位礼を中心儀式とする御大典の記念写真は、賑やかな仮装をしてカメラに納まるものが多いが、この写真は真面目な装いである。〈甲斐市宇津谷・昭和4年・提供＝柳本胖氏〉

塩崎青年団駒沢支部の旗樹立式記念　場所は宇津谷駒沢の伊勢神明社の境内。青年団は20～30代の青年らにより組織される団体で、地域の様々な活動を担った。〈甲斐市宇津谷・昭和8年・提供＝柳本胖氏〉

宇津谷駒沢会館の落成記念　駒沢会館は今でいう公民館。この日は多くの老若男女がお祝いに駆けつけた。写真提供者はこの建物の2階で遊んだ楽しい思い出があるという。〈甲斐市宇津谷・昭和８年・提供＝柳本胖氏〉

塩崎村の高齢者慰安会　敬老会の記念写真である。添書きに記された会の主催者・網蔵平輔は、塩崎村の村長や貴族院議員を務めた政治家であり実業家。大地主としても知られ、背景の立派な屋敷も彼の家の一部である。〈甲斐市志田・昭和７年・提供＝白倉正子氏〉

神山橋の竣工記念　榊村上宮地の深沢川に架かる橋で、道も橋もまだ舗装されておらず電柱も立っていない。右端の少女が緊張して写っている様が微笑ましい。〈南アルプス市上宮地・昭和6年・提供＝加藤庄八氏〉

民家が蚕の飼育所に　上質な絹糸の生産のため地域で繭質改善施設組合が結成され、一般の民家を稚蚕共同飼育所とすることになった。皆のひきしまった表情から飼育への熱意が感じられる。〈南アルプス市飯野・昭和初期・提供＝中澤明彦氏〉

乾繭倉庫の棟上式　養蚕が盛んだったころ建てられた。乾繭場《かんけんじょう》とは、地域の養蚕農家から集めた生繭に熱を加えて乾燥させ、長期間保存できる施設のことである。〈南アルプス市飯野・昭和13年・提供＝折居保夫氏〉

飯野村の粛正選挙第1回村会議員　昭和10年に選挙粛正委員会令が公布され、内務省主導で選挙粛正運動が展開された。各都道府県に委員会が設置され、公正な選挙観念の普及を目指した。写真はその中で行われた初めての村会議員選挙の際の写真。時局柄、サーベルを持った軍人も写っている。〈南アルプス市飯野・昭和13年・提供＝中澤明彦氏〉

若宮神社の五日会　若宮神社は飯野の守護神として尊崇を集める村社。神社の総代はじめ重鎮が集まる五日会が20周年を迎えた記念の一枚である。紀元二千六百年記念行事と併せて行われた。〈南アルプス市飯野・昭和15年・提供＝中澤明彦氏〉

飯野村の生花講習　女子青年会が生花の育成などの講習を受けた。看板は「飯野農業青年学校」と読めるが、小学校の校舎を利用しているかと思われる。〈南アルプス市飯野・昭和10年代・提供＝中澤明彦氏〉

飯野村農会事務所の職員たち　4月に職員一同で撮影した記念写真である。〈南アルプス市飯野・昭和9年・提供＝中澤明彦氏〉

鏡中條の長遠寺《じょうおんじ》で行われた葬儀　長遠寺は日蓮宗の寺院である。鎌倉時代に甲斐源氏の一族である加賀美遠光の祈願所として、戸田に創建された真言宗の寺院が前身。その後日蓮宗になり現在地へ移った。〈南アルプス市鏡中條・昭和9年・提供＝落合恒雄氏〉

嫁入りの日　嫁ぎ先の菓子店の店先に椅子を並べ、親族らと記念写真に納まった。〈中央市・昭和初期・提供＝笠井知幸氏〉

姉妹で一緒に　自宅の入口で写したなにげない写真だが、砂利道は通称・市川大門線。現在の主要道路の一つである。〈中央市布施・昭和10年代前半・提供＝内藤寿津子氏〉

王塚古墳の出土品　昭和3年から4年にかけて発掘された古墳で、5世紀後半に築かれたと推定されている。発掘調査により剣や馬具、円筒埴輪が出土した。〈中央市大鳥居・昭和4年・提供＝中央市〉

浦安の舞　神武天皇が即位してから2,600年にあたる昭和15年は紀元二千六百年として各地で様々な記念事業が行われた。この浦安の舞もその一つで、紀元二千六百年を祝して作られた巫女神楽である。〈中央市下河東・昭和15年・個人蔵〉

豊富警防団第二部のガソリンポンプ　消火のための貴重なガソリンポンプを購入し、披露した記念の写真。警防団は、警察と消防の補助組織として昭和14年から同22年まで活動し、その後は消防団に移行していった。〈中央市・昭和16年・提供＝中央市〉

鰍沢の富士川で遊ぶ子どもたち　ふんどし姿が当時の水泳スタイル。元気な子どもたちは急激な水の流れもなんのその。〈南巨摩郡富士川町鰍沢・昭和初期・提供＝佐野辰巳氏〉

富士橋①　富士川に架かる木橋の富士橋を、鰍沢側の山に登って撮影した。後に台風などで何度も流され、戦後の昭和25年にコンクリート造の永久橋に架け替えられる。〈南巨摩郡富士川町鰍沢・昭和15年・提供＝新津要氏〉

富士橋②　上流から見ている。橋の下に渡し船が写っており、当時はまだ船で川を渡ることが珍しくなかった。〈南巨摩郡富士川町駅前通・昭和15年・提供＝新津要氏〉

「国民精神作興ニ関スル詔書」に関する記念撮影　関東大震災や社会主義などにより混乱する社会に対して、大正12年に大正天皇がこの詔書を全国に発し、国民道徳の引き締めを図った。昭和7年撮影とあることから、詔書が出されてから継続的にこうした行事が行われていたことがうかがえる。背後は久那土尋常高等小学校と思われる。〈南巨摩郡身延町車田・昭和7年・提供＝土橋輝雄氏〉

久那土橋の竣工　樋田川と三沢川との合流地点に架かっていた久那土橋が完成した時の一枚。橋に入りきらないほど大勢の人が集まり祝っている。橋の竣工とともに、この道が県道9号に編入されたことも喜びに花を添えた。〈南巨摩郡身延町車田・昭和10年・提供＝土橋輝雄氏〉

紀元二千六百年式典　原村の神社にて原村警防団や神主などで記念撮影を行った。様々な衣装や制服が見られるなか、愛国婦人会の襷《たすき》をかける女性の姿も。〈南巨摩郡身延町・昭和14年・提供＝土屋正邦氏〉

原村農繁期保育所　保育所は、親たちが農作業で忙しい時期に子どもを預かる福祉的な施設として始まり、今日のような教育施設になっていったという歴史的な経緯がある。農繁期保育所はいわば保育所の原風景。手前にある小さな船はお気に入りの遊び道具であったのだろう。〈南巨摩郡身延町・昭和10年代前半・提供＝土屋正邦氏〉

三沢川で魚捕り　アユやハヤのいる川で友人たちと楽しいひと時。背景の建物は車田の公民館である。〈南巨摩郡身延町車田・昭和16年頃・提供＝日向久子氏〉

徳間から南部町栄地区を西に見る　昭和初期の栄地区の風景を克明に収めた一枚。身延線の線路や富士川、対岸の睦合地区まで遠望する。〈南巨摩郡南部町栄・昭和初期・提供＝芦澤和彦氏〉

ブラジル移民男性の帰国　昭和初期にブラジルへ渡り成功を収めた山本正道翁（前列左から3人目）が、子どもの結婚式のために帰国した。一族と再会した喜びはひとしおだったろう。令和6年にはブラジル移民入植90周年の式典が行われている。〈南巨摩郡南部町内船・昭和26年・提供＝佐野辰巳氏〉

市川郷村三社御幸祭　武田時代に始まり、徳川家康宿陣の折には手兵に命じて担がせたという歴史ある祭り。明治からは弓削《ゆげ》神社、八幡神社、八處女《やおとめ》神社の神輿が町内を巡り、御崎神社に詣でる、収穫への感謝と安全を願う秋の大祭である。写真は現在の溝部医院付近の御旅所にて、神輿の担ぎ手らの記念撮影。〈西八代郡市川三郷町市川大門・昭和初期・提供＝村上善雄氏〉

市川大門にあった清水屋　江戸時代に市川大門には代官所が置かれていたが、天保6年（1835）の落合大火で大部分が消失した。この清水屋は大火の後に建てられた老舗の商家で、撮影当時はタバコ屋として営業していた。今は釣り具なども扱っている。〈西八代郡市川三郷町市川大門・昭和8年・提供＝村上善雄氏〉

宣教師による紙芝居　市川大門通りの観音堂の庭で宣教師による紙芝居が始まるところ。着物姿の子どもたちが大勢集まっているなかに、ちらりと大人の姿も見える。街頭紙芝居は昭和5年頃から始まり、娯楽作品としては「黄金バット」などが人気を博していた。〈西八代郡市川三郷町市川大門・昭和8年・提供＝村上善雄氏〉

3 戦前・戦時中の教育

現在の学校制度は明治五年の学制に始まる。すべての国民に教育の機会を与えようと始まり、明治の終わりころには就学率は、ほぼ百パーセントに達した。

当時の小学校を「尋常高等小学校」の名で呼ぶのは、義務課程の「尋常科」と、尋常科を卒業した後に入学する「高等科」（二年制）を併設していたからである。明治四十年の法改正で、義務課程の年限は四年間から六年間へ延長された。第一次世界大戦（大正三〜七年）の頃には、高等科や中学校へ進学する者も増えた。

戦前の中学校（旧制中学）は学校数が少なく、山梨県では甲府中、日川中、都留中、韮崎中、身延中の五校のみで、難しい選抜試験があった。入学できるのは男子だけで、進学を希望する女子は、巨摩高等女学校や市川実科、身延実科、韮崎実科に進んだ。そのほかに県立農林学校、峡南農工学校や峡北農学校（北巨摩農学校）の実業学校があった。

小学校（尋常科）では、「修身」「国語」「算術」「唱歌」「体操」「図画」「理科」「裁縫（女子のみ）」「国史」「地理」を学んだ。現在の「社会」は第二次世界大戦後に始まる新教科である。公民学習（国民主権、基本的人権、平和主義など）が柱になっているが、昔は「国史（歴史）」と「地理」の二本立てで、歴史（国史）学習が重視された。「修身」は今の「道徳」にあたる。当時の大日本帝国憲法は、国民を「臣民」（天皇の臣下）と位置づけていた。『教育勅語』が述べる教育の目的は、天皇（国家）に奉仕する国民（臣民）の育成であり、愛国心を養ったのが「修身」であった。

昭和十六年、小学校は「国民学校」と名を変えた。内容も大きく変わる。「皇国ノ道」に則り、「国民ノ基礎的錬成ヲ為ス」ことを目的に掲げた。ここに、来るべき総力戦の一翼を担う国民（臣民）を育てる軍国主義教育ができあがった。

サイパン島が陥落し、B29による本土空襲がさし迫った昭和十九年秋、国民学校初等科の三年生以上の児童の集団避難が始った。いわゆる「学童疎開」である。身延町や南アルプス市にも東京都内から多くの児童が疎開してきた。児童たちの保護というよりも、「本土決戦」に備えて将来の兵力温存をはかるための措置であった。

菅原小学校の職員　心なしか硬い表情にも見える一同。壁には撮影の前年に勃発した日中戦争を指す「支那事変」の文字が。この戦争を機に、児童たちによる勤労奉仕作業が行われるようになるなど、学びの場にも戦争が影を落としていった。〈北杜市白州町・昭和13年・提供＝大久保厚子氏〉

小淵沢の小学校で運動会①　袴姿に下駄で輪になって踊るのは処女会。女子の青年団にあたり、明治末期から大正時代にかけ全国で結成された。裁縫などの講習会、軍人らへの慰問など、様々な活動を行った。運動会への参加もその一つ。会場は小淵沢西尋常小学校か。〈北杜市小淵沢町・昭和5年・提供＝宮澤書店〉

小淵沢の小学校で運動会②　一方、若い男性で結成された青年団が、軍服にゲートル姿で勇ましく行進。運動会の一幕だが、軍事色が強まりつつある世相がうかがえる。〈北杜市小淵沢町・昭和5年・提供＝宮澤書店〉

北巨摩郡立農学校三期生の卒業写真　創立は大正5年で、その後山梨県立となり峡北農学校に改称、戦後は峡北農林高校となった。昭和25年の高等学校再編に伴い総合高校の峡北高校になったが、同50年に峡北農業高校と峡北高校に分離した。その後再び前述2校と須玉商業高校が統合、校名を北杜高校とし平成13年に開校式を挙行する。〈北杜市長坂町・大正9年・提供＝清水太一氏〉

県立峡北農学校の生徒とともに　前身の北巨摩郡立農学校が大正11年、郡制廃止に伴い校名を改称。北巨摩郡の農家の子息らが入学した。昭和12年には女子部が設置されている。中央の夫婦は写真提供者の祖父母。当時は学生を寄宿させていた。生徒たちは学生帽に学ラン、足下は下駄や草履と様々。この頃はまだ自由な空気が漂う。〈北杜市長坂町・昭和初期・提供＝山本政博氏〉

長坂女子技芸の講習会記念写真　女性は全員和装で、髪型は当時流行の前髪が庇《ひさし》のように張り出した「二百三高地髷《まげ》」の他、西洋のヘアスタイルをもとに、従来の日本髪よりも簡単に結うことができる束髪も。背後の建物は日野春村の長坂上条にあった薬局「緑正館」で、現在は美容院が建っている。〈北杜市長坂町・大正15年・提供＝清文堂書店〉

山梨裁縫研究所の生徒と職員　日野春村にあった日野春分校。明治以降、女子の就学率向上を目的に、全国で裁縫教育が重要視されていった。〈北杜市長坂町・昭和初期・提供＝山本政博氏〉

日野春尋常高等小学校の卒業写真　現在の日野春小学校の前身で、明治6年に寺院で授業を行ったのが始まり。尋常小学校で義務教育の6年間を学んだ児童がさらに2年間学んだ。写真の100人余のうち約4割が女子である。〈北杜市長坂町・昭和2年・提供＝山本政博氏〉

安都小学校尋常科の卒業写真　学び舎にての門出の日の一枚。男子は全員詰襟だが、全体の7割を占める女子は袴姿に混じりセーラー服姿も見える。写真の添え書きは、表記が左読みとなっている。〈北杜市高根町・昭和14年・提供＝小林敏氏〉

卒業記念写真　泉尋常高等小学校か。大泉村は八ヶ岳の南麓に位置し、現在は観光地として人気だがもとは農村地で、泉尋常高等小学校には明治36年に農業科が開設された。〈北杜市大泉町・昭和15年頃・提供＝内田則子氏〉

更科村青年団の設立15周年を祝う　「若衆」「若連中」などとも呼ばれ、全国の村落で結成された青年団。加入時期は15歳頃が一般的で、中には男子は必ず加入し世帯を持つ時に脱退するなど、厳格な規約を定めた団もあった。写真にも前列にはあどけない顔が並ぶ。〈韮崎市岩下・大正９年・提供＝安部修氏〉

韮崎小学校尋常科卒業記念　男子は学生帽を被り、女子は真ん中分けでおさげの髪型。和服の子どもたちは凛々しい顔立ちである。〈韮崎市本町・昭和２年・提供＝安部修氏〉

韮崎小学校高等科卒業記念　前ページ下段写真の同校尋常科に比べて女生徒が若干少ない。背後は昭和6年に増築された南校舎か。〈韮崎市本町・昭和8年・提供＝岩下幸夫氏〉

塩崎尋常高等小学校①　同校高等科の卒業記念写真。中央の列は教諭か、男伊達といった厳めしい風貌の人びとが居並ぶ。同校は現在では双葉西小学校となっている。〈甲斐市志田・大正13年・提供＝柳本胖氏〉

塩崎尋常高等小学校②　前ページ下段写真と同じ塩崎尋常高等小学校である。添え書きには旧字体が見える。背景の立派な校舎は、昭和4年に新築されたもの。〈甲斐市志田・昭和8年・提供＝柳本胖氏〉

小笠原尋常高等小学校の卒業記念　大正も未だ初期の写真であり、男子は着物に学生帽、女子は前髪を額の上からすぐ高く上に取り上げて髷を結っている。最前列は筵《むしろ》に正座している。〈南アルプス市小笠原・大正3年・提供＝土屋幹起氏〉

榊小学校へ入学　入学記念写真にはあどけない顔が並ぶ。男子児童は似た服装だが、女子はまるで正月のように着飾っている。〈南アルプス市上宮地・昭和４年・提供＝石川恵子氏〉

八田実業公民学校の卒業写真　第一部の卒業生一同。最前例の右端には、サーベルを持った軍人が写っている。校舎は八田小学校かと思われる。〈南アルプス市・昭和７年・提供＝中澤明彦氏〉

飯野尋常高等小学校を卒業　卒業記念写真に写るのは、14歳前後の子どもたち。写真の前年に日中戦争が勃発しているが、まだ戦時色は薄いようだ。〈南アルプス市飯野・昭和13年・提供＝折居保夫氏〉

飯野国民学校の卒業写真　戦争真っただ中の写真には、男子児童だけでなく女子児童にも国民服らしき姿が見える。昭和16年の国民学校令で全国の小学校が国民学校となり、同年12月に日本は太平洋戦争に突入した。〈南アルプス市飯野・昭和19年・提供＝中澤明彦氏〉

落合国民学校初等科の卒業記念　昭和16年にそれまでの尋常小学校と高等小学校が改組され、国民学校初等科と高等科が設けられた。軍国主義のもと、いわゆる少国民を錬成する学校とするのが目的であった。〈南アルプス市落合・昭和17年・提供＝古屋真由美氏〉

国民学校最後の卒業生　田富国民学校高等科の卒業記念写真である。終戦から2年が過ぎ、この年に国民学校の名称は消え小学校になった。同校も写真の1カ月後、4月には田富小学校となる。〈中央市布施・昭和22年・提供＝花輪幹夫氏〉

増穂国民学校の職員一同　太平洋戦争初期の頃の写真である。男性も女性も正装か落ち着いた服装で、笑顔も見受けられる。〈南巨摩郡富士川町・昭和17年・提供＝古屋真由美氏〉

久那土尋常高等小学校　高等科の卒業記念写真である。前列の男性が蝶ネクタイ、生徒も革靴を着用するなど、まだ大正モダンの雰囲気がうかがえる。〈南巨摩郡身延町車田・昭和3年・提供＝土橋輝雄氏〉

曙尋常高等小学校　卒業記念写真に写る女子たちは、多くが華やかな着物である。学生服でない男子は夏目漱石の『坊ちゃん』に出てくるような和服姿。〈南巨摩郡身延町・昭和10年・提供＝土屋正邦氏〉

下山尋常高等小学校高等科卒業生　女子はハレのこの日に晴れ着を着用しているが、男子は詰襟が多い。〈南巨摩郡身延町・昭和10年・提供＝土屋正邦氏〉

体育ダンス講習会　身延小学校で行われた、昭和14年度の講習会。写真は南巨摩地区南部地域の女性教師たちである。〈南巨摩郡身延町・昭和14年・提供＝土屋正邦氏〉

原村農繁期託児所　原尋常高等小学校で撮られた。田植えや稲刈りなどの農繁期には、多忙な親を助けるため、子どもたちを集めて世話をする季節託児所が設けられた。〈南巨摩郡身延町・昭和14年・提供＝土屋正邦氏〉

剣道発会式　原尋常高等小学校で挙行され、記念写真が撮られた。同校は峡南武道大会を主催したが、剣道を始めとする武道は戦時教育に組み込まれていくことになる。〈南巨摩郡身延町・昭和15年・提供＝土屋正邦氏〉

武道場落成記念剣道大会で優勝　武道場が完成し、旧制身延中学校主催で記念の剣道大会が開催された。優勝は原小学校尋常科と高等科がともに成し遂げた。紀元二千六百年の奉祝記念行事の一環だろうか。〈南巨摩郡身延町・昭和15年・提供＝土屋正邦氏〉

転地療養所の慰問　市川実科高等女学校の生徒たちが慰問に訪れ、兵士たちとバレーボールに興じた。戦火が広がり、全国の温泉宿が負傷兵らの療養や訓練の場になっていく中、下部温泉の旅館も陸軍病院の臨時転地療養所として徴用されていた。〈南巨摩郡身延町下部・昭和18年頃・提供＝下部温泉郷〉

井出栄小学校の施設　江戸時代中期から現代に至るまで、井出の寺子屋教育が支えた寺院教育と「南岡先生」の足跡を辿ってみると、同校の前身は、栄学校の発祥の地として栄えた姿でもある。〈南巨摩郡南部町井出・昭和7年・提供＝佐野辰巳氏〉

市川剣道少年部　寒さ厳しい如月、市川大門町の少年剣士たちが寒稽古を行った。まだ戦争の足音は聞こえず、凛々しくあどけない剣豪たちである。〈西八代郡市川三郷町市川大門・大正11年・提供＝土橋永氏〉

富河尋常高等小学校　昭和15年の富河小学校は、富河尋常高等小学校の名称であった。翌年には国民学校と改称する。戦争が教育現場にも影を落とし始める頃である。〈南巨摩郡南部町福士・昭和15年・提供＝望月要氏〉

市川尋常小学校第19回の卒業記念写真　明治5年の創立で、写真は校舎前で撮影。教職員も児童もほとんどが和装である。女子は全員袴姿で、当時流行の前髪が膨らんだ髪型が印象的である。〈西八代郡市川三郷町市川大門・明治末期・提供＝土橋永氏〉

市川女子実業補習学校の卒業記念写真　まだ袴が女学生の定番だった頃の写真である。同校は大正3年に設置され、以降、昭和3年に市川実科女学校、同15年に市川実科高等女学校、18年度に市川高等女学校と改称される。戦後の22年から市川高校となる。〈西八代郡市川三郷町市川大門・大正12年・提供＝村上善雄氏〉

高田尋常高等小学校　高等科の卒業写真に写るのは、現在の中学生にあたる年齢の少年少女たち。同校は明治6年に長生寺で創立、背景に見える校舎は大正11年に高田公民館の敷地内に建てられた。〈西八代郡市川三郷町・昭和8年・提供＝土橋永氏〉

4

戦時下の生活

長引く慢性的な不況からの脱出口を大陸、特に満洲方面に求めた日本は、昭和六年九月には奉天での南満州鉄道爆破事件を口実に満洲事変を引き起こし、十二年には北京郊外における軍事衝突で日中両国の全面戦争へと突入した。昭和八年頃からは「非常時」という言葉が使われるようになった。

戦争の拡大にともなって国内における物資の不足は一段と進行した。昭和十四年九月一日からは、毎月一日を「興亜奉公日」として、節米や禁酒禁煙が求められた。また、「米穀配給統制法」も施行された。しかし、生活必需品の不足は極めて深刻であり、例えば、砂糖は一人当たり一月で半斤、燐《まっ》寸《ち》は一日五本という状況であった。同年に、木炭を燃やして発生するガスでエンジンを動かす「代燃車《だいねんしゃ》」と呼ばれた木炭自動車が登場する。さらに日本は昭和十六年十二月、ハワイの真珠湾を攻撃して太平洋戦争に突入し、戦線は一挙に拡大した。

アルコールである「酒精」の原料と考えられていた甘藷・馬鈴薯の増産がすすめられ、八ヶ岳の裾野の念場ケ原は開拓地に指定された。この一方で、贅沢品と考えられていた養蚕・製糸業は、従業員男子の出征や、軍需工場への動員で次第に衰えていった。特に、昭和七年には「小麦増殖五カ年計画」が立てられ、桑畑への改植が進められた。小麦増産のため小学校報国隊が出動し、厳寒にもかかわらず、麦踏みが行われたという。さらに、桑条《じょうそう》の皮の繊維としての利用が考えられ、抜根桑樹の皮剥ぎ作業にも小学生が動員された。

この一方で、満洲への移民が進められた。昭和十六年には増穂村開拓団が結成され、翌十七年には四三家族の一四八人が渡満し、入植地は増穂秀峰開拓郷と名付けられた。しかし、満洲移民は敗戦時に大きな犠牲を生じたことも忘れてはならない。豊村開拓団は、十五年に満洲へ移住したが、敗戦の二日後、一四〇人が集団自決をしている。

日常生活のすべての面において、国や県が音頭を取って数々の戦意高揚の取り組みがなされた。しかし、戦況は好転せず、昭和十九年にはサイパン島の飛行場を基地とする本土空襲が開始された。翌二十年七月六日には甲府市が一三一機のB29の空襲によって約八割が焼失し、同月三十日には、西郡地域が空襲された。

（齋藤康彦）

徴兵検査①　明治6年の徴兵令により男子は満20歳で徴兵検査を受けることが定められた。同22年には大日本帝国憲法が公布され、第20条の実施法として昭和2年に兵役法が施行された。これによって国民総動員体制が強められ、地域の学校や集会所などで徴兵のため身体検査が行われた。写真は日野春村で行われた検査の記念写真。〈北杜市長坂町・昭和7年・提供＝山本政博氏〉

徴兵検査②　検査の判定は、甲種、乙種、丙種などに分けられ、甲種合格者は翌年の1月に各連隊へ入営した。〈北杜市長坂町・昭和13年・提供＝伊藤隆一氏〉

出征の記念写真　写真提供者の伯父が出征する際に、実家の前に親戚一同が集まって撮影した。その後、伯父は無事に復員したという。〈北杜市長坂町・昭和10年代半ば・内田則子氏〉

出征の見送り　家族や親族に加えて、大巨本国防婦人会など地域の人びとが、お国のために出征する男性の家の前に集まっている。いくつもの幟や日の丸の旗を立てて、兵士の門出を賑々しく祝った。〈北杜市長坂町・昭和10年代半ば・提供＝山本政博氏〉

戦死者の葬列　昭和12年に日中戦争が始まると、出征者数だけでなく、戦地で亡くなり無言の帰還をする兵士の数も増えていった。写真は田んぼの中の道を進む、輜重兵《しちょうへい》として戦地に赴いた写真提供者の叔父の葬列。当初は「名誉の戦死者」を地域全体で悼む村葬が行われたが、戦況が悪化するにつれてこうした葬列も見られなくなっていく。〈北杜市長坂町・昭和13年・提供＝清文堂書店〉

若神子婦人会の共同作業　日中戦争開始以降、召集令状により男手が戦争に取られて労働力不足におちいった農村部では勤労奉仕や共同作業が励行された。写真は、若神子村の婦人会が出征した農家の畑仕事を手伝った際の記念撮影。〈北杜市須玉町・昭和14年・提供＝伊藤隆一氏〉

山梨県木社武川工場　武川村牧原にあった木材運送業の会社。社長は当時県会議員であった蔦木武士という。〈北杜市武川町牧原・昭和17年頃・提供＝道村順一氏〉

新嘗祭に粟を献上　写真提供者の祖父が新嘗祭の神饌として供える粟の栽培を始めるにあたり、畑で行われた神事のようす。〈北杜市高根町・昭和19年・提供＝八巻俊司氏〉

皆で麦踏み　当時出征していた写真提供者の叔父に送るため、実家近くの畑で撮影したという。慰問袋に入れて、畑を守る地域の人びとの姿を届けたのであろう。〈韮崎市岩下・昭和10年代半ば・提供＝岩下幸夫氏〉

勤労奉仕をする女子生徒　釜無川に架かる船山橋の東付近で「勤勞報國」の幟《のぼり》を立て、莚《むしろ》の両端に竹竿を通した道具に土を載せて運んでいるようだ。徴兵で男手が足りない中、女子生徒たちも勤労奉仕に駆り出された。昭和16年には、お国のための勤労奉仕隊を義務づける国民勤労報国協力令が公布される。〈韮崎市・昭和14年頃・提供＝岩下幸夫氏〉

家庭防火群による防火訓練　防火群は、米軍機の空襲による火災に対して「向こう三軒両隣相協力することに依り、一層実効を納め得る」という方針のもとに組織され、各群には群長一人を置き、防火用水槽を2個以上用意することなどが求められていた。写真は韮崎本町の寿座周辺の防火群の女性たちが防火訓練を行った際の記念写真。〈韮崎市本町・昭和14年・提供＝小林英雄氏〉

韮崎女子青年会岩下班の勤労奉仕　背後に写る更科橋の奥にあった岩下地区の共同田んぼでの奉仕活動か。〈韮崎市岩下・昭和16年・提供＝岩下幸夫氏〉

金剛寺にて戦勝祈願　昭和初期、宇津谷にある金剛寺で戦勝祈願の法要が七日間連続で行われたという。〈甲斐市宇津谷・昭和初期・提供＝柳本胖氏〉

塩崎尋常高等小学校で行われた壮丁検査　「壮丁」とは満20歳に達した男子を指し、徴兵検査の際には壮丁検査として教育程度の調査や学力検査が行われていた。〈甲斐市志田・昭和10年・提供＝柳本胖氏〉

出征を祝って　写真提供者の叔父自宅前で出征を祝って親戚一同が記念撮影した。赤襷を掛けた出征者を囲む人びとの服装は、和服、背広にネクタイ、国民服、軍服と様々である。〈甲斐市宇津谷・昭和18年・提供＝鰻池康宣氏〉

飯野村でも徴兵検査　当時、満20歳になった成人男子全員に義務づけられていた徴兵検査。地域の学校などで行われた検査後には記念写真が定番だったようだ。〈南アルプス市飯野・昭和11年・提供＝中澤明彦氏〉

家族の集合写真　塩崎国民学校の校舎を背景に家族で一枚に納まった。空襲で焼け出されて家族がバラバラになってもわかるように撮影され、大人たちが各々持っていた。同じような写真を撮影した人たちは多かったという。〈甲斐市志田・昭和19年・提供＝鰻池康宣氏〉

飯野農会の栄養料理講習会　戦時体制下の厳しい食糧事情の中で、兵力となる成年男子の体力はもちろん、国民の栄養確保は大事な課題であり、その対策のひとつとして、栄養共同炊事が奨励された。飯野農会による栄養料理講習会もそうした戦時下のひとコマであろう。〈南アルプス市飯野・昭和16年・提供＝折居保夫氏〉

叔父の出征　豪農だった写真提供者の母の実家に親戚が集まり、近衛兵として出征する叔父を囲んで記念撮影。背後には金属製の瀟洒《しょうしゃ》なフェンスが見える。〈南アルプス市西野・昭和15年頃・提供＝志村喜仁氏〉

慰問の品々とともに記念撮影　戦地にいる兵士に送る慰問品の荷造りも「銃後」を守る大切な活動であった。婦人会を中心に、作業に従事した近所の人たちが写真に納まる。〈南アルプス市上八田・昭和10年代後半・提供＝志村喜仁氏〉

親戚に囲まれた出征兵士　出征していく若者が、祖父母をはじめ叔父叔母、いとこ、甥や姪たちに囲まれて記念撮影。固く結ばれた口元に皆の心情が察せられる。〈南アルプス市桃園・昭和18年頃・提供＝加藤庄八氏〉

縁側に並んだ記念写真　背後に提灯が見えることから、お盆で祖父母の家に集まった親戚一同か。男は子どもと高齢者のみで、成年男子は戦地にいると思われる。その兵士に送る慰問袋に入れる写真だろうか。〈南アルプス市上宮地・昭和17年・提供＝石川惠子氏〉

写真館で撮影した家族写真　昭和20年は時局が押し迫り敗戦に至る年。その頃、小笠原にあった写真館で写したというが、表情は穏やかに見える。前列左が写真提供者、中央に姉、右が妹。〈南アルプス市桃園・昭和20年頃・提供＝加藤庄八氏〉

勤労奉仕で畑を耕す　男手を兵隊にとられ人手が不足する農家を手伝うため、学生や女性などが勤労奉仕で作業にあたっている。昭和16年、太平洋戦争開戦直前には国民勤労報国協力令が公布され、それまで任意であった勤労奉仕隊が、年間30日以内の勤労奉仕を強制する勤労報国隊として編成される。〈南アルプス市・昭和10年代後半・提供＝中澤明彦氏〉

勤労奉仕で田植え　「勤労奉仕団」の襷《たすき》を掛け、もんぺ姿で田植えをする女性たち。〈南アルプス市飯野・昭和10年代後半・提供＝中澤明彦氏〉

家族全員で記念撮影　第二次世界大戦中、戦況が厳しくなっていくなかで、自宅の庭で写した家族写真。昭和19年にはマリアナ諸島のサイパン、テニアンが陥落し、B29による本土空襲が始まる。〈中央市成島・昭和18年頃・提供＝笠井知幸氏〉

出征兵士に万歳する少女　日中戦争開始間近の富里村で、何本もの「祝出征」と書かれた幟が立つなか、出征する兵士を万歳三唱で送り出す人びと。中央には、大人たちに合わせて「バンザーイ」と無邪気に両手を上げる少女が写る。〈南巨摩郡身延町下部・昭和11年頃・提供＝下部温泉郷〉

身延山久遠寺で戦勝祈願　日本は昭和6年の満州事変、翌年の五・一五事件などで軍部が台頭。同8年には満州から日本軍の撤退を勧告する国際連盟を脱退し、12年の盧溝橋事件を機に中国との全面戦争を開始した。戦争が長引くにつれて増える応召者の戦勝祈願が、各地の神社や寺院で行われた。〈南巨摩郡身延町身延・昭和14年・提供＝藤田勝夫氏〉

青年団による馬糧供出　束ねて積み上げられた軍馬の餌となる乾し草の前で記念撮影。陸軍から町村に供出の分量を割り当ててくることが多かった。供出する草を確保するために、1週間、毎日朝3時半から1時間半を草刈りにあてた青年団もあったという。〈南巨摩郡身延町車田・昭和15年・提供＝日向久子氏〉

療養兵士と慰問奉仕団　富里村下部の下部温泉は、武田信玄の隠し湯と伝えられ、傷に効く温泉として知られていた。国府台（千葉県市川市）の陸軍病院が、その下部温泉にある下部ホテルを転置療養所として接収し、多くの負傷兵が療養に訪れていた。〈南巨摩郡身延町下部・昭和17年頃・提供＝下部温泉郷〉

久那土村翼賛壮年団の結盟式　大日本翼賛壮年団は、昭和15年に立憲政友会、立憲民政党などの政党が解散して合流した大政翼賛会傘下の団体のひとつで、同17年に結成された全国的な組織。翼賛選挙貫徹運動を主な活動の一つに挙げ、「翼賛選挙」といわれた第21回衆議院議員総選挙では実動部隊として積極的に行動した。久那土尋常高等小学校にて。〈南巨摩郡身延町車田・昭和17年・提供＝日向久子氏〉

作業の合間のひとコマ　女性たちの前にある木桶は、種籾を塩水に浸けて良い種籾を選別する塩水選のためのものという。木桶のほかに、何かの薬液を散布するポンプのようなものも見える。太平洋戦争開戦から2年、平和なひとときもあったようだ。〈南巨摩郡身延町車田・昭和18年頃・提供＝日向久子氏〉

檀徒も戦勝祈願　当時の久那土村の法円寺の檀徒が戦勝を祈願して、身延山を参拝した。〈南巨摩郡身延町身延・昭和19年・提供＝日向久子氏〉

車田上農事組合共同作業　戦況が厳しくなるにつれて働き手を兵隊にとられ、食糧事情も悪化する一方であった。その対策として共同作業や共同炊事が推奨された。大人も子どもも常に腹が減っていた。〈南巨摩郡身延町車田・昭和19年頃・提供＝土橋輝雄氏〉

学童疎開の児童たち　大都市を中心に本土空襲も激しくなると、昭和19年6月、「学童疎開促進要綱」が閣議決定された。下部にも東京・四谷第二国民学校の児童が戦火を避けて疎開してきた。児童たちは敗戦までの約1年間、橋本屋、登富屋、山田館、守田屋といった下部温泉の旅館に分宿して疎開生活を送った。〈南巨摩郡身延町下部・昭和19年頃・提供＝下部温泉郷〉

盧溝橋事件の戦死者を駅頭に迎える　井手駅で迎えられたのは、昭和12年の盧溝橋事件で憲兵隊に臨時増加配属を命じられ、同年9月に戦死した佐野亀一（俳優・里見浩太朗の父）。当時は新聞でも英雄として大きく取り上げられ、住民総出で村葬が行われた。〈南巨摩郡南部町井出・昭和12年・提供＝佐野辰巳氏〉

水没する集落との別れを惜しむ　柿本ダムは、精錬過程で大量の電力を必要とするアルミニウムを生産していた日本軽金属が、すでに完成させていた波木井発電所と富士川第一発電所、富士川第二発電所に加えて、水不足時の対策として計画したダム。昭和18年の着工を前に、水没する下佐野の集落8軒の婦人会が最後のお別れ会を開いた。ダム工事は戦時下の人材、資材不足で中断。完成したのは昭和27年のことであった。〈南巨摩郡南部町下佐野・昭和17年・提供＝佐野辰巳氏〉

出征兵士を盛大に送る市川消防組　芦川に架かる橋には「祝 出征」の横幕が掛かり、欄干に沿って幟が林立している。一段高い堤防の上に設置された演台には襷をかけた2人の応召者の前に、「祝出征武運長久」と書かれた、ひときわ大きな市川消防組の幟が翻る。〈西八代郡市川三郷町・昭和10年代前半・提供＝土橋永氏〉

戦勝を祝う　昭和17年2月15日、シンガポールで日本軍が英国軍に勝利すると、新聞は「敵軍、我が軍門に降る」などと大きく報じ、この太平洋戦争緒線の勝利を祝う旗行列などが日本各地で行われた。降り積もった雪の上で日の丸を掲げているのは、市川大門の学童たち。〈西八代郡市川三郷町・昭和17年・提供＝土橋永氏〉

特集◆

下部温泉郷

下部温泉郷全景　1,200年以上の歴史を誇る下部温泉。かつて湯治客は山道を歩いて訪ねたが、大正9年に開削道路が開通すると人力車や馬車で行けるように。下部川沿いには新たに旅館や商店が建ち、山里の温泉郷へと生まれ変わっていった。〈南巨摩郡身延町下部・昭和6年頃・提供＝下部温泉郷〉

下部温泉の発祥については、熊野神社の由来を説明する看板に以下のような記述がある。

――仁明天皇の頃、甲斐の国主・藤原正信公が病いのため当温泉に療養した。正信は紀州の熊野権現の信仰厚く、たまたまる夜、夢枕に熊野権現が立ち、「この山上に我を祀れ」とのお告げを受けて熊野神社を建立した。時は流れ戦国時代、武田二十四将のひとりで下山城主だった穴山梅雪が風雨に耐へかねた社殿を再建したという。さらに四百余年を経た神社には、湯権現として病の平癒を祈願する参拝者、療養客が訪れ賑わう。療養客が奉納した松葉杖の供養祭も行われている――

日本の名湯百選に選ばれており、特に「武田信玄が合戦で受けた傷を癒した」という伝説は有名。ただ「武田信玄公の隠し湯」といわれるこの場所は、実は隠し湯というより信玄の父・信虎の時代から武田家の公認の湯で、上杉謙信と戦った「川中島の合戦」の折には、激戦に疲れた多くの武田方の兵が、湯治して傷を癒したという伝えもあるという。

現在、「隠し湯」と言われる従来のぬるい源泉と平成十八年に分湯を開始した、五一度の熱い源泉「奥の湯高温源泉」の、二つの温泉入浴が楽しめる。

下部駅と神泉橋を結ぶ乗合自動車　下部駅（現下部温泉駅）開設から2年後の昭和4年、人力車に代わる足として開業した下部乗合自動車。外国製8人乗りで、約1.4キロを往復した。車と鉄道による輸送力拡大は、地域の活性化につながっていった。〈南巨摩郡身延町下部・昭和4年頃・提供＝下部温泉郷〉

鉱山発掘の地鎮祭　昭和10年代、下部町ではマンガン鉱を掘るための富里鉱山と下部鉱山が開坑し、全国から鉱山関係者が訪れた。採掘に伴う神事を行った場所は下部分校（後の下部小学校湯町分校）で、奥に子どもの姿が見える。〈南巨摩郡身延町下部・昭和10年頃・提供＝下部温泉郷〉

湯の郷を結ぶ　大正９年、常葉川に常葉川橋が架けられたことで、山越えしなくても温泉郷へ行けるようになる。そして波高島《はだかじま》〜下部間約3キロを人力車が通るようになり、湯治客の急増へとつながっていく。〈南巨摩郡身延町常葉・年代不詳・提供＝下部温泉郷〉

神泉橋の竣工式　下部川に架かり、温泉街へと続く神泉橋が架け替えられた。橋を渡ると、昭和8年に建てられた木造3階建て旅館・大市館がある。〈南巨摩郡身延町下部・昭和31年・提供＝下部温泉郷〉

古きよき温泉街の面影　昭和31年の国民保養温泉地指定の後には旅館は48軒を数え、隆盛期を迎えていく。雨の日、湯治客たちは浴衣に下駄履き、番傘で川沿いの温泉街をそぞろ歩いた。〈南巨摩郡身延町下部・昭和36年頃・提供＝下部温泉郷〉

湯の郷の玄関口　昭和2年開業の下部駅（現下部温泉駅）。最盛期には1日に500人以上が利用し、同52年度の収益は身延線内36駅中4番目だった。木造平屋建ての駅舎は今もそのままである。〈南巨摩郡身延町下部・昭和30年代・提供＝下部温泉郷〉

準急富士川の運行開始　昭和39年、それまでの快速が準急富士川（現特急ふじかわ）となった。当時、静岡県の富士駅と甲府駅を結び、途中の下部駅（現下部温泉駅）でも多くの湯治客が乗降した。〈南巨摩郡身延町下部・昭和39年頃・提供＝下部温泉郷〉

湯治場から観光地へ　下部川沿い、通称「三笠カーブ」拡張工事のようす。昭和30～40年代、観光ブームの到来を受け、観光客誘致のため温泉会館や遊歩道が開設、第1回信玄まつり（後の信玄公かくし湯まつり）が開催される。〈南巨摩郡身延町下部・昭和40年頃・提供＝下部温泉郷〉

湯町舞踊グループ「若扇会」 高度経済成長期のなか、町内では舞踊グループが立ち上げられていく。温泉街を盛り上げるために結成されたのが「若扇会」。中央右の男性は踊りの師匠で、かくし湯まつりの生みの親、区長も務めた石部栄である。〈南巨摩郡身延町下部・昭和40年頃・提供＝下部温泉郷〉

観光化の波 観光ブームで湯治客だけでなく観光客も増加。それに伴い、山里の湯治場にも近代的な鉄筋のホテルや旅館が建ち並んでいく。〈南巨摩郡身延町下部・昭和55年以降・提供＝下部温泉郷〉

第II部

北巨摩郡下のバレーボール大会〈北杜市長坂町・昭和21年・提供＝清文堂書店〉

「平成の大合併」前（平成 14 年）の巨摩・市川三郷の市町村

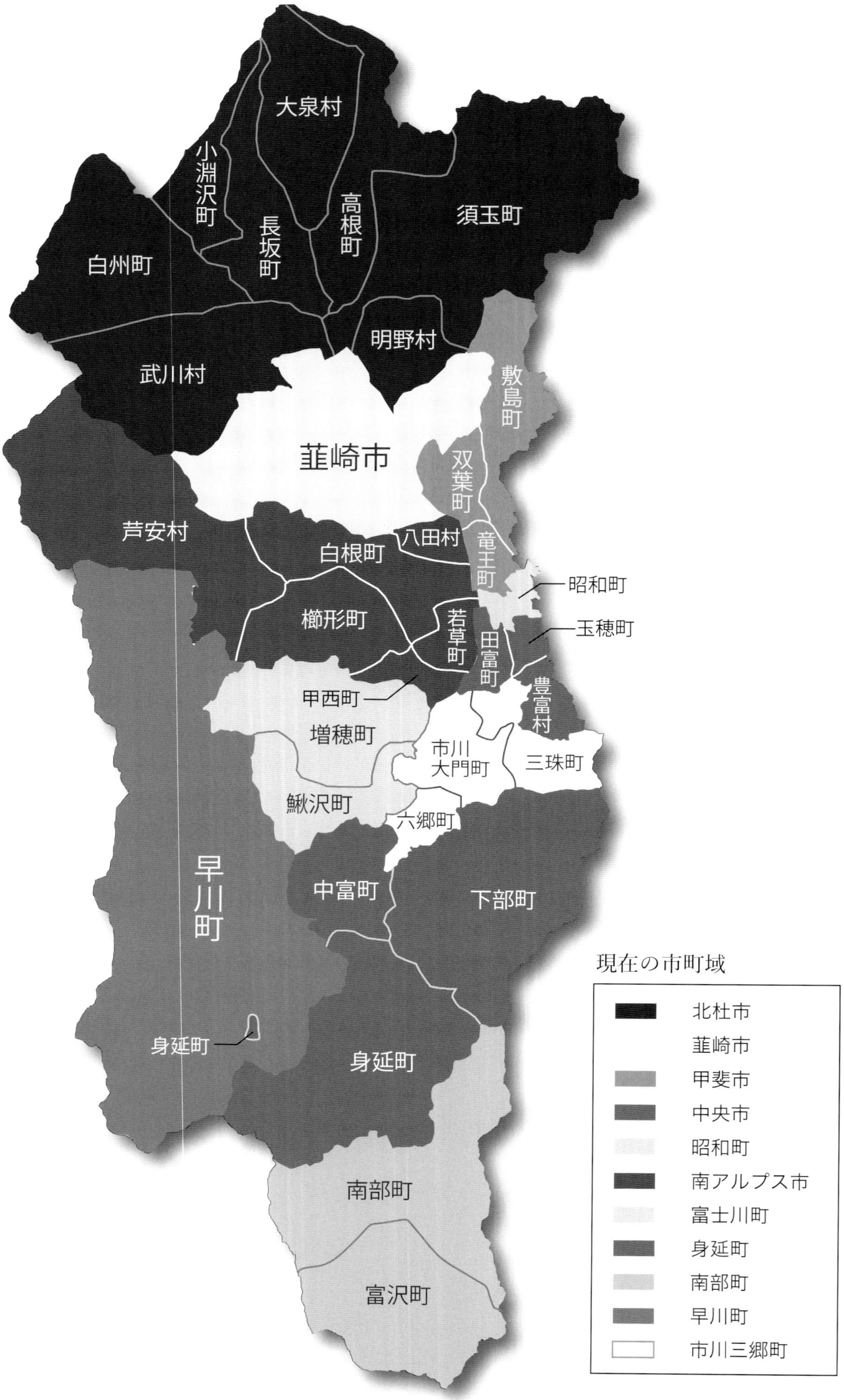

5 まちなみの変遷

巨摩地域では、昔の街道筋に沿って栄えた町家が明治期以後の商店街に引き継がれ、町や村の賑わいの中心となっていた。北巨摩では甲州街道から佐久往還と駿州往還が分かれる韮崎、中巨摩では駿信往還に沿った小笠原、荊沢、青柳、南巨摩では身延参詣道に沿う市川大門と富士川舟運の出発点となった鰍沢に、物流や人の流れを集める規模の大きな街並みが連続していた。

明治三十七年に甲府以西の中央本線、後に国鉄身延線となる富士身延鉄道が昭和三年に甲府まで開通すると、各駅前に日用品を扱う小さな商店街が数多く形成された。北巨摩においては、長坂、中央本線から小海線（昭和十年全通）が分岐する小渕沢、中巨摩では竜王、東花輪、南巨摩では岩間、身延などである。高原ブームで観光客を集めるようになった八ヶ岳山麓の清里駅前には、都会の若者向けの瀟洒な飲食店や土産物店が昭和五十年代後半に増加した。このほかに身延山の参詣客をあてこんだ身延駅、下部温泉への訪問客をあてこんだ土産物を扱う温泉旅館に混じって形成された。

昔の街道は明治期以後は国道に引き継がれ、第二次大戦後は道路の舗装、拡幅が進んで自動車交通量が増加し、昭和三十年代以後は貨物や人の流れが集合離散する場所として、駅前の商店街が拡大した。昭和四十年代以後は自家用車の急速な普及とあわせて、これら古くからの商店街を迂回するバイパスなどが高規格で整備され、さらに昭和五十年代以後には中央高速自動車道や中部横断自動車道の整備によって、物流や人の流れは鉄道駅や国道沿いから、幹線道路やそのバイパス、高速自動車道へと移り、旧来の町の中心から離れた郊外の大きな交差点やインターチェンジの近傍に、県外資本の大型スーパー、チェーン形式の飲食店、病院、レジャー施設を中心とした新たな商業地域が形成されるようになった。竜王を通過する国道二十号線の竜王バイパス、昭和町に設置された中央自動車道甲府昭和インターチェンジ周辺の近年の賑わいはその典型である。

巨摩の人びとは、昭和三十年代まで日用品の購入を地元の商店街、買い回り品の購入を県都の甲府市中心街に依存していた。だが、各町村にあった日用品を扱う商店の商圏は急速に縮小して商店街が衰退する。一方で、平成十一年から進められた平成の大合併もあいまって、昔ながらの市町村を単位とした商店街の賑わいは次第に失われ、そこで行われてきた行事や祭りも継続できなくなり、一部は簡素化され、場所を変えて行われるようになった。

大武川に架かる大平橋　木製の簡素な造りだった頃の大平橋。写真手前方向には大薮温泉があり、明治2年の開湯から湯治客や登山客の疲れを癒している。〈北杜市武川町・昭和27年頃・道村順一氏〉

みどりや　長坂駅にほど近い長坂商店街の一軒。洋服、櫛など婦人用の装飾品、合羽《かっぱ》などの日用品、さらに薬品まで取り揃えていた。〈北杜市長坂町・昭和30年頃・個人蔵〉

清里駅前通り　建て替え前の高原宿を過ぎ、まだ未舗装の道を八ヶ岳に向かって歩くと小海線清里駅へ通じる。もともと清里高原は観光地名だったが、昭和39年に大字名が樫山から清里に改められた。〈北杜市高根町清里・昭和38年頃・提供＝清里館〉

商店街の呉服屋　長坂湖付近、オリオン通りの商店街にあった洋服と布地の店先に、昭和34年の皇太子御成婚を祝うぼんぼりが見える。この頃、イタリア映画の女優の名に因んだササール・コートが流行していた。〈北杜市長坂町長坂上条・昭和35年頃・提供＝佐藤陸夫氏〉

井戸端会議　共同の洗い場として、長屋の一角に設けられていた水槽。地域の女性たちにとって格好の社交の場だった。おしゃべりに興じる笑い声が聞こえてきそうな一枚。〈韮崎市・昭和30年代・提供＝輿水章子氏〉

富士川街道をゆく稚児行列　興隆院の祭りのひとコマ。保護者に手を引かれ滝沢川にかかる小笠原橋を渡る稚児たち。橋の北詰からの撮影で、対岸にはパチンコ店「ときわ」の木造屋根が見える。〈南アルプス市小笠原・昭和34年・提供＝石川恵子氏〉

櫛形町の土蔵にて　洗濯物が干された庭先。写真中央の少年がこちらを見つめている。〈南アルプス市小笠原・昭和35年・提供＝近藤久氏〉

町の電気屋　昭和22年、富士川街道沿いに「齋藤ラジオ店」として創業したが、同30年代にテレビが一般家庭に普及していく中で改称した。令和の今も営業しており、撮影当時は塩やタバコも売っていた。写真左上に見える道路標識は、進駐軍がいた頃の名残の英語表記である。〈南アルプス市沢登・昭和38年・提供＝斉藤忠彦氏〉

甲府盆地を一望　櫛形町の町名の由来でもある櫛形山を背に北東を望んでいる。遥か奥は奥秩父山塊の大パノラマ、平坦地は市街地が広がる。甲府盆地は山梨県中央部に位置し、西を赤石山脈（南アルプス）、南東を御坂山地、北東を秩父山地に囲まれている。〈南アルプス市・昭和48年・提供＝杉山哲夫氏〉

台風一過　増穂町は急峻な地形と脆弱な地形から、近世以前より水害に見舞われてきた。昭和34年8月の台風7号では利根川が決壊し126戸が床上浸水した。これを教訓に対策が強化されていく。〈南巨摩郡富士川町・昭和30年代・提供＝斉藤英貴氏〉

大法師山からの眺め　写真奥のグラウンドは建て替え前の鰍沢小学校。手前は鰍沢病院（現富士川病院）で、平成11年に現在の鰍沢地区に移転し、跡地には甲府地方法務局や職業安定所が建てられている。〈南巨摩郡富士川町鰍沢・昭和40年・提供＝新津要氏〉

1300年余の歴史の湯　温泉街にある橋にて、浴衣でポーズ。西山温泉は徳川家康を始め戦国武将も入湯したと伝わる名湯で、昭和50年には年間12万人が訪れた。〈南巨摩郡早川町湯島・昭和28年・提供＝望月希代美氏〉

皆で祝う新春　身延駅前にあった赤塚材木店。正月には従業員とその家族が集い、ごちそうを囲んだ。身延町は、冬は比較的温暖で年間の降雨量が多く、木材の生育に適していた。戦後は造林事業への関心が高まった。〈南巨摩郡身延町角打・昭和28年頃・提供＝小林只典氏〉

門前町の七夕祭り　身延山久遠寺三門へと続く商店街で、戦前より毎年8月7日に行われている仁王尊祭典のようすである。昭和30年代は写真のような華やかさで、人びとは頭上をたなびく無数の吹き流しをかがむように歩いた。写真左に見える老舗の若松屋仏具店や、食事処は現存している。〈南巨摩郡身延町身延・昭和30年代半ば・提供＝千頭和ひろ美氏〉

甲州名物の葡萄酒　身延駅前しょうにん通り商店街に並ぶ店々。土産選びか、酒店の前には身延山久遠寺の宗派・日蓮宗の善男善女たちが。甲州印伝の看板を掲げる隣の店先にも「生ブドー酒」がずらり。〈南巨摩郡身延町角打・昭和30年代半ば・提供＝千頭和ひろ美氏〉

名優ゆかりの下部ホテル　大規模な建て替え工事前の下部ホテル。昭和36年、骨折した石原裕次郎が長期滞在したことでも知られている。滞在した客間「裕林の間」は裕次郎が命名し、今も当時の佇まいを受け継いでいる。〈南巨摩郡身延町下部・昭和40年代・提供＝千頭和ひろ美氏〉

山田ホテルにて　下部温泉の中心地にあった山田ホテル（後のニュー山田ホテル）の土産物店前で仲良く並ぶのは、毎年夏に家族で訪れていたという姉妹。帽子にワンピース、手にはハンドバックとおめかししている。〈南巨摩郡身延町下部・昭和35年・提供＝石川恵子氏〉

身延山久遠寺の三門の前　昔も今も多くの参拝客や信者が訪れる久遠寺。ボンネットバスの奥に建つ三門は、京都の南禅寺、東福寺と並ぶ日本三大三門の一つで、火災により明治40年に再建された二代目である。〈身延町・昭和30年代半ば・提供＝千頭和ひろ美氏〉

まちの牛乳屋　市川大門駅近くの牛乳販売店。昭和30年代から牛乳の消費量は大幅に増加した。今では懐かしい瓶牛乳を専用の牛乳箱に積め、トラックの荷台に乗せて、各家庭に配達された。〈西八代郡市川三郷町市川大門・昭和30年代・提供＝高尾幸子氏〉

ドバシ写真館　当時、中央通りの晩成堂書店裏に店を構えていた。この2軒、現在は中央通りを挟み、北と南に向かい合っている。「カメラのドバシ」の屋号で、地域の人びとの記念の日を撮り続けている。〈西八代郡市川三郷町・昭和46年・提供＝土橋永氏〉

身延仲町の七夕　門前町の入口付近の風景である。通りの右手には、今も営業している山田屋旅館、左手には山梨交通のバス停がある。背景の山は身延山で、昭和38年に身延山ロープウェイが設けられる。〈南巨摩郡身延町身延・昭和30年代半ば・提供＝千頭和ひろ美氏〉

踏切に交通安全塔が完成　市川三郷病院から県道4号を挟んだ角地に今も建つ広告塔。標語から、第二次交通戦争と呼ばれ、対策が推進されていた当時の世相がうかがえる。〈西八代郡市川三郷町市川大門・昭和56年・提供＝市川三郷町役場〉

市川大門町の路地裏にて　庭先には洗濯物。舗装されていない路地は、半ズボン姿の男の子たちが三輪車を走らせたり、少年たちがおしゃべりしたりと子どもたちの格好の遊び場に。昭和の日常をとらえた一枚である。〈西八代郡市川三郷町・昭和46年・提供＝土橋永氏〉

6 変わりゆく風景

巨摩地域には大正九年の統計で二〇万七千人、令和二年に三一万八千人が暮らしている。人々の暮らしは、明治期以後長らく続いてきた米麦養蚕を中心とする我が国の伝統的な農業経営を中心にしたものから、昭和四十年代を転機として大きく変貌してきた。八ヶ岳山麓の戦後開拓地は、第二次世界大戦後に酪農や高原野菜の栽培が盛んになり、その後は高原ブームに乗って観光化が進展した。年間の入り込み客数は北杜市だけで二七三万人（令和四年）と増加し、宿泊施設や観光客向けの施設・店舗の増加は、寒冷で火山灰土壌に苦しんできた農家の暮らしを大きく変えた。

釜無川や塩川沿いは、昭和三十年代の二度にわたる水害を乗り越え、特産の武川米《むかわまい》の生産で県下最大の穀倉地帯となり、北杜市、韮崎市、南アルプス市の米の生産額は一万六千三百トンと県全体の六四％を占める（令和四年）。一方で昭和四十年代以後のマイカーブームにより、県都甲府市中心部にある会社や、甲西、釜無をはじめ韮崎や市川大門に整備された工業団地などへの通勤が容易になり、農外就業者の比率は飛躍的に増加した。

釜無川右岸の西郡地域では、江戸期に開削の朝穂・徳島堰の水利による水田が広がっていたが、夏季に雨が少なく日照時間が長いという盆地の気象条件に加えて、御勅使川《みだいがわ》扇状地の砂質の土壌が果樹栽培に適し、野呂川からの水利確保、釜無川右岸土地改良事業の進展などもあいまって、果樹栽培が急速に拡大した。韮崎では新府の桃、南アルプスでは白根の桃、桜桃、キウイ等が特産品となり、峡東地方に次ぐ県内有数の果樹栽培地帯に成長した。果樹の産出額は、韮崎市で農業全体の六八パーセント、南アルプス市では八〇パーセントを占めるまでになり、農家の収益は大幅に向上した。

富士川流域では、市川三郷町の和紙、花火、印章、早川町の雨畑硯《あまばたすずり》の生産が地場産業として定着し一時は全国に販路を広げたが、平成期以後は後継者不足、需要の頭打ちで勢いを失いつつある。身延町においては、身延山久遠寺や下部温泉などが中部横断自動車道の開通により静岡や東名高速自動車道沿いの地域からの来訪客の増加に期待している。県全体としても県外や海外からの来訪客による観光収入増加への期待が高まっているが、巨摩地域では入り込み観光客数は最も多かったバブル期でも山梨県全体の一八％（昭和六十二年）、近年は一五％（令和四年）程度で、富士北麓などインバウンドが盛んな地域との格差は大きい。

一面に広がる水田　田植えは親族や近所で協力し合って行われるもので、田富村では「手間っ返り」と呼ばれていた。写真は田植えの合間の食事中。農作業は非常に重労働のため、農繁期には1日5回前後の食事をした。家での朝夕に加え、田んぼで10時と15時、昼には茶菓子も供された。〈中央市布施・昭和35年・提供＝内藤寿津子氏〉

日野春葉たばこ収納所の前で　生産者らの記念撮影である。たばこは甲州（甲斐国）各地で栽培される代表的な物産であり、江戸時代には甲斐国はたばこの名産地として知られていた。〈北杜市長坂町・昭和27年・内田則子氏〉

馬耕　馬に犂《すき》を引かせて田起こしをしている。東日本では馬耕が、西日本では牛耕が主流であった。馬や牛を個人所有していない農家は、田起こしや田植準備などの農繁期だけ隣近所から馬を借りることもあった。栗林地区にて。〈北杜市長坂町・昭和27年・提供＝佐藤陸夫氏〉

田植え作業　田植えは一家総出の大仕事で、子どもも貴重な労働力であった。〈北杜市長坂町大八田・昭和31年・提供＝佐藤陸夫氏〉

葉たばこ畑　葉たばこは1反当たりの収入率が高く、農家にとって貴重な現金収入源であった。しかしニコチンが空気中に発散されており肌に有害なため、真夏でも長袖での作業が基本であった。写真の家では10年ほど栽培が続けられたという。〈北杜市長坂町富岡・昭和30年代前半・提供＝山本政博氏〉

実った小麦畑にて　写真は3月で、これから収穫作業である。収穫後は二毛作のために畑へ水を張って稲田に転換、田起こし作業に入った。農家は一年中働き詰めであった。現在のオギノ韮崎店付近で、奥に写るのは塩川と茅ヶ岳に通じる道である。〈韮崎市藤井町・昭和22年・提供＝藤原孝行氏〉

辛い田植え　現在のバーミヤン韮崎店付近から撮影している。田植えの時期は朝から晩まで腰をかがめて作業した。〈韮崎市富士見・昭和27年・提供＝藤原孝行氏〉

野焼き　稔実不良の籾《もみ》（シイナ）や籾殻などを焼く。田んぼに立ち上る煙煙は晩秋の風物詩であった。近年では環境への影響や防災のため、条例などで野焼きが禁止された地域もある。〈北杜市須玉町・昭和42年・提供＝大柴力氏〉

動力脱穀機　明治末期に足踏み脱穀機が登場したが、昭和初期には小型エンジンを付けた動力脱穀機が普及していった。こうした大型農機は高価だったため、集落や数軒の農家で共同購入して持ち回りで使用することもあった。右奥にうっすらと富士山が写る。〈韮崎市岩下・昭和27年・提供＝藤原孝行氏〉

脱穀中の休憩　当時の脱穀機は馬力が弱く、逆風を防ぐために稲藁で作った覆いをかぶせて作業をしていた。写真右の学生服は写真提供者。〈甲斐市宇津谷・昭和26年・提供＝鰻池康宣氏〉

桃の果樹園　昭和30年代から県内で桃の栽培が急速に普及した。内陸性気候による日照時間の長さと降水量の少なさ、傾斜地が多く水捌けが良い土壌が桃の栽培に適していたためである。〈南アルプス市桃園・昭和37年・提供＝加藤庄八氏〉

竹蛇籠《じゃかご》と聖牛　竹蛇籠とは筒状に編んだ竹籠の中に石を詰めたもので、古くから護岸や堰に使用されてきた。写真の真ん中には丸太を三角錐状に組み上げた聖牛がある。聖牛は水の勢いを弱める効果があり、江戸時代の書『地方凡例録』には武田信玄が考案したものと記されている。〈中央市・昭和27年・提供＝中央市〉

休憩中の杣人《そまびと》たち　徳間の南又山で雑木伐りの際の一枚。山梨県の最南端にある南部町は、スギやヒノキの生育に適した温暖多雨の気候であり、古くから林業が盛んな地域である。〈南巨摩郡南部町・昭和48年・提供＝望月要氏〉

早川の水での稲作　写真の家ではかつては畑を営んでいたが、昭和32年に早川から水をポンプで組み上げ、コンクリート製の送水管によって給水できるようになり、田んぼに転換したという。〈南巨摩郡早川町薬袋・昭和32年・提供＝望月希代美氏〉

強力《ごうりき》たちと登詣者　身延山久遠寺の西方にそびえる七面山は法華経の聖地として、山岳修験や信仰登山が行われてきた。強力は登詣を介助し、荷運びだけでなく、山駕籠を担いで登詣者を乗せて行く役目も担う。〈南巨摩郡早川町赤沢・昭和15年頃・提供＝古民家カフェ鍵屋〉

オート三輪で材木を運ぶ　写真提供者の家は運送業を営んでおり、所有する山林から切り出した木材を運んでいるところ。オート三輪は小回りが効き、細い路地や山道でも活躍したが、時代とともに安定性のある四輪車に押され、昭和40年代後半にはすべての自動車メーカーが生産を終了した。〈西八代郡市川三郷町高萩・昭和20年代後半・提供＝小林春美氏〉

身延駅と広告塔　日蓮宗総本山の身延山久遠寺への参拝客らで賑わった駅である。駅前の広告塔には「参詣と観光の身延山」とある。広場に停まっているのはタクシーか。写真の木造駅舎は駅が大正9年に開業した当初からのもので、昭和55年に新しい駅舎が竣工する。〈南巨摩郡身延町角打・昭和30年代半ば・提供＝千頭和ひろ美氏〉

診療所の慰問　現在の身延山病院の前身となる診療施設へ、身延中学校のブラスバンドが慰問に訪れている。同施設は戦後間もない昭和21年に設立され、医師らの確保に困難を極め、苦労の連続であったという。〈南巨摩郡身延町小田船原・昭和36年頃・提供＝千頭和ひろ美氏〉

農作業の合間に　忙しい作業の途中に、畔でひと休み。秋の収穫時期などの繁忙期は、三食の他に田んぼでも食事を摂ったという。〈南巨摩郡身延町梅平・昭和31年・提供＝藤田勝夫氏〉

婦人会の農作業　婦人会が富士見地区で収穫作業をしている。富士見の地名は、市川大門町内で唯一富士山が見えたことに由来する。〈西八代郡市川三郷町市川大門・昭和30年代・提供＝高尾幸子氏〉

駒沢稚蚕飼育所　現甲斐市域の養蚕業は大正期から昭和中期まで盛んであった。写真は宇津谷にあった稚蚕飼育所で、ここで1～2齢まで育て、3齢以降は各戸で飼育していたという。養蚕が衰退した現在も市内北部には桑畑が残されており、桑の葉や実を使った特産品による町おこしが行われている。〈甲斐市・昭和38年・提供＝柳本胖氏〉

繭出荷前の作業　繭の周りは細かい毛（毛羽《けば》）で覆われており、繭同士が絡まってしまうため、毛羽取機で取り除いた。簀子《すのこ》の上に乗せて棒を回すと毛羽を絡めとることができた。〈南アルプス市有野・昭和42年頃・提供＝櫻本等氏〉

自宅で養蚕　蚕に餌である桑の葉を与えている。養蚕は貴重な現金収入源として広く営まれ、県を代表する産業であった。しかし安価な外国産生糸の輸入や化学繊維の普及などから、昭和30年代後半～40年代に衰退していった。〈中央市成島・昭和20年代・提供＝笠井知幸氏〉

繭の毛羽取り　繭の出荷前の毛羽やゴミの取り除き作業は、どこでも定番の作業。あだやおろそかにはできない、最後の大切な工程である。〈北杜市明野町・昭和40年・提供＝大柴力氏〉

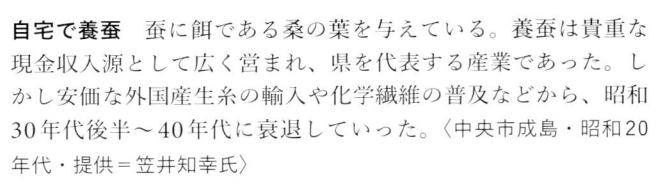

ギャラリーにて　陶芸家・林茂松は昭和10年に韮崎市穴山町へ窯場を構えた。穴山の良質な土と松薪を使って焼き上げた「能穴焼《のうけつやき》」は日展にも何度も入選し、「甲斐の陶芸」として再興した。初代林茂松のギャラリーに多くの人びとが集まっている。〈韮崎市穴山町・昭和30年代・提供＝林真理氏〉

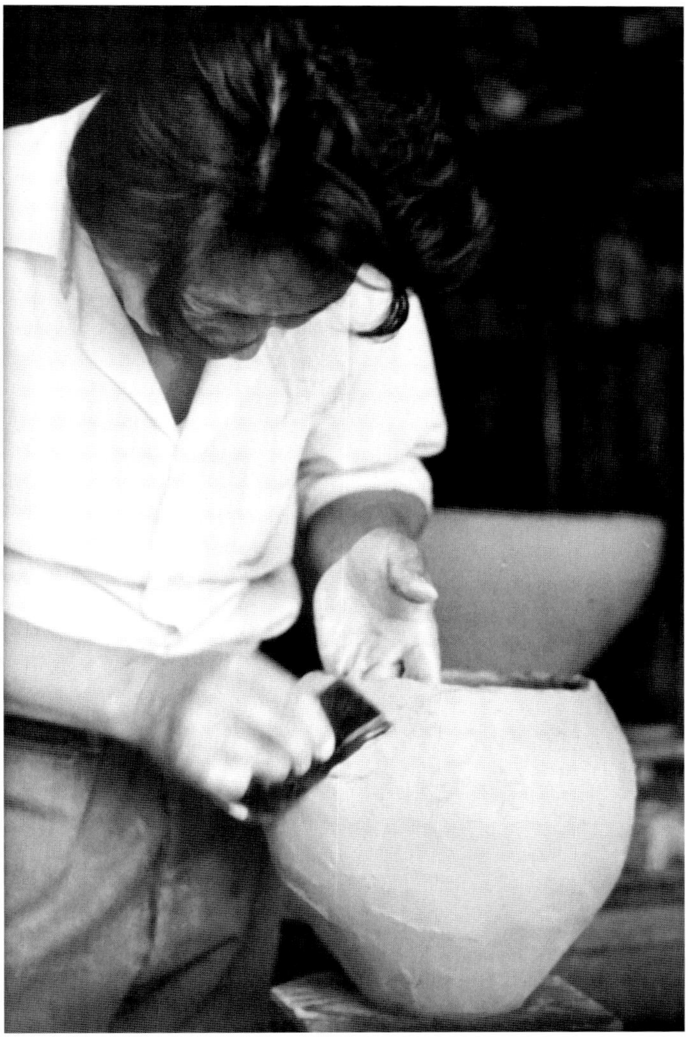

能穴焼を製作中の初代林茂松　能穴焼は天正年間（1573～1592）に築かれた能見城と、穴山を由来に名付けられた。二代目が継承、日展や日本現代工芸展で受賞を重ねつつも、郷土に根差した陶芸として愛されている。〈韮崎市穴山町・昭和40年頃・提供＝林真理氏〉

はんこ職人たち　御岳山系で、はんこの材料となる良質で巨大な水晶鉱が発見されたことから、山梨県では江戸時代後期から印章業が発展した。平成12年には甲州手彫印章が国の伝統的工芸品に指定され、印章技術の保存が叫ばれている。写真は身延町のはんこ職人の作業場である。〈南巨摩郡身延町車田・昭和37年頃・提供＝日向久子氏〉

天巧ゴム工業の工場　ゴム草履を製造していた工場で、現在の北杜市役所長坂総合支所の場所にあった。何度か火災に遭ったが、写真はその復興記念である。〈北杜市長坂町・昭和32年・提供＝内田則子氏〉

東京光音電波の長坂工場①　昭和12年創業の電子機器メーカー。同21年に長坂町へ固定皮膜抵抗器工場が設立された。当時は女性社員が多く働いていたという。〈北杜市長坂町・昭和35年・提供＝佐藤陸夫氏〉

東京光音電波の長坂工場②　同工場内に新たに変電施設が設置された。従業員らが変電器とともに記念撮影。〈北杜市長坂町・昭和31年・提供＝佐藤陸夫氏〉

伊藤薬舗　現在も営業中の老舗薬局である。若神子郵便局の隣にあり、当時の店主は若神子郵便局局長も兼任していたという。若神子郵便局は昭和32年に須玉郵便局と改称した。〈北杜市須玉町・昭和30年頃・提供＝伊藤隆一氏〉

小泉農業協同組合員たち　小泉農業協同組合の役職員一同が記念撮影。背後の建物は旧小泉村役場と思われる。昭和45年に清春農業協同組合などの5農協と合併して八ヶ岳農業協同組合となった。〈北杜市長坂町・昭和36年・提供＝清水太一氏〉

山梨銘醸　同社は寛延3年（1750）の創業。写真は銘酒・七賢を積んだトラックの出荷風景である。七賢の名は天保6年（1835）に高遠城主・内藤駿河守から「竹林の七賢人」の欄間を頂戴したことに由来する。明治13年には明治天皇の行在所ともなり、昭和8年に母屋奥座敷が文部省（現文部科学省）の史蹟に指定され、さらに平成12年に母屋全体が県の有形文化財に指定された。〈北杜市白州町・昭和40年代・提供＝山梨銘醸株式会社〉

映画館・ニューパール　昭和30年代前半に開業、同じく本町にあった寿座のオーナー・赤井国太郎によって運営されていた。写真提供者は映写技師として同館で働いていたという。〈韮崎市本町・昭和30年代後半・提供＝小林英雄氏〉

齊藤ラジオ店　現在の斉藤テレビである。魚屋兼酒屋であった齋藤商店の一角にて、ラジオ修理を行う電器屋として開業した。後に齊藤テレビラジオ商会と改称、また昭和30年代に東芝の代理店となり、現在に至る。〈南アルプス市沢登・昭和20年代後半・提供＝斉藤忠彦氏〉

魚善　店の修理が完了した際の記念写真。中央通り沿いにて営業中の老舗寿司店で、現在は季節の野菜や果物などを使った創作寿司が話題となっている。〈西八代郡市川三郷町市川大門・昭和45年・提供＝村上善雄氏〉

駿州往還の浅原橋　浅原は古来甲斐国と駿河国を結ぶ交通の要である街道・駿州往還が通る。釜無川は街道を遮っていたため、明治6年に初めて木橋が架けられた。現在の橋は鉄筋コンクリート造で、六代目となる。〈南アルプス市藤田・昭和27年頃・個人蔵〉

小笠原地区の農業改良普及所　昭和23年制定の農業改良助長法に基づき、同年に県内26カ所へ農業技術普及事務所が設けられた。翌24年に農業改良普及所と改称。写真は小笠原地区農業改良普及所の落成開所記念写真。現在は農業改良普及センターと改称している。〈南アルプス市小笠原・昭和26年・提供＝杉山哲夫氏〉

豊富村婦人会　豊富村婦人会幹部が集まって記念撮影。後ろの建物は豊富村役場で、当時は豊富消防団の庁舎としても使われていた。〈中央市・昭和27年・提供＝土屋正邦氏〉

鰍沢の恩賜林の管理職員　明治44年に県庁内務部に恩賜県有財産管理課が設置され、鰍沢、甲府、韮崎、谷村の4カ所に出張所が設けられた。昭和13年に各出張所は林務署と改称、同25年8月に営林事務署と改称した。写真は事務員を含む署職員たちが、署庁舎の新築を祝い記念撮影をした。〈南巨摩郡富士川町鰍沢・昭和25年頃・提供＝古屋真由美氏〉

三協繊維の社員たち　昭和20年代半ばから30年代半ば頃、山梨県の工業は繊維工業が中心であった。同26年頃の増穂町にはニット工場や製糸工場などがあり、写真はそのうちの一つの三協繊維である。町制施行により26年4月3日に増穂村から増穂町となり、社員らが記念撮影した。〈南巨摩郡富士川町・昭和26年・提供＝長澤英貴氏〉

快療堂薬房　開店してから薬店として約四半世紀営業した後に快療堂薬局の名となった。数店舗の支店があった頃もあり、地域の薬局として親しまれていた。現在はレモン薬局に引き継がれている。〈南巨摩郡富士川町・昭和30年・提供＝古屋真由美氏〉

美容室にて　成人式の準備だろうか、女性はパーマネントされた華やかな髪型である。かつては電気パーマが主流だったが、昭和30年代からは髪の痛みが少ないコールドパーマが主流になっていった。〈南巨摩郡富士川町青柳町・昭和35年頃・提供＝深澤純氏〉

鰍沢病院　昭和21年に島田病院を厚生省が買収し、社会保険鰍沢病院として発足した。現在の富士川地方合同庁舎の場所に建っていたが、平成11年に現在地に移転し、同26年に市川三郷病院と統合して峡南医療センター富士川病院となった。〈南巨摩郡富士川町鰍沢・昭和36年・提供＝樋口和仁氏〉

路地の風景①　宮澤書店の店前から西の眺め。道沿い左側には傘付きの裸電球を木製の電柱に取り付けた街路灯が見える。右側は中山油店。〈北杜市小淵沢町・昭和31年頃・提供＝宮澤書店〉

路地の風景②　上写真の同じ場所より東を見ている。道の真ん中でポーズを決める男の子の周りには、車体が鉄パイプのシンプルな三輪車に乗る幼児ら。道の左側にはロッドブレーキの自転車も見える。〈北杜市小淵沢町・昭和35年頃・提供＝宮澤書店〉

7 特徴的な自然景観の中で

巨摩地域は、赤石山脈（南アルプス）の鋸岳に源を発して南流する釜無川（富士川）に沿って、起伏に富んだ複雑な地形の上に広がり、各所で我が国有数の美しい山岳風景を見せる。

北巨摩では、北に八ヶ岳連峰、西に赤石山脈の甲斐駒ヶ岳や、我が国第二の標高を誇る北岳、そして手前には鳳凰三山が標高二千から三千メートル、さらに甘利山などの前山が屏風のように連なり、東には標高千七百メートルの茅ヶ岳が聳える。八ヶ岳南麓の標高千メートル以上には大泉、清里高原が開け、茅ヶ岳の西麓には日照時間が日本有数の穂坂台地が広がる。その南には二〇万年前に起きた八ヶ岳の崩壊で流出した泥流が釜無川と塩川に浸食されて細長く伸びる七里岩台地を形成し、台地先端の韮崎で標高は四五〇メートルだが、台地の両側には急崖が続く。西側の山麓には幾重にも重なる複合扇状地が広がり、釜無川に流れ込む尾白川、塩川をはじめとする支流に沿っては広い河川低地が人々の生活基盤を提供する。

中巨摩では西に白根三山、前山の櫛形山の北側の夜叉神峠から、土砂運搬量が多く荒れる川として有名な御勅使川が流れ下り、標高四七〇メートルから釜無川沿いの二五〇メートルまで東に緩やかに傾斜する南北一〇キロ、東西七キロの大きな御勅使川扇状地を形成する。

笛吹川を合流した釜無川は富士川と名前を変え、甲府盆地の水流を一点に集めて標高二五〇メートルの鰍沢から標高一〇〇メートルの静岡県境まで、南巨摩の四〇キロを山間丘陵地を縫って一気に流れ下り、その東西に延びる支流は幾筋もの深い谷を形成している。

巨摩地域は北巨摩から南巨摩まで、人々の暮らしが展開する場所だけでもその標高差は千二百メートルを超えて南北に広大な面積を占めるが、その多くはこの地域で古くから続いた地殻変動や火山活動、そして釜無川をはじめとする多数の河川の浸食、堆積作用によって形成されてきたものである。特に北巨摩と中巨摩からは、甲府盆地が眼下に広がって視界が開け、御坂山系の上に富士山が聳え、季節ごとに内陸盆地の代表的な山岳風景を見せている。

清里駅前　山梨県で一番標高が高い駅で、ホームには標高1,274.694メートルの標柱が建っている。バスの奥にある建物は土産物店。清里ブームの前に撮られたもので、道路も舗装されていない。やがて女性雑誌などで注目され、店舗が並んで賑わう「高原の原宿」と化していく。〈北杜市高根町・昭和30年代・提供＝清里館〉

甲斐駒ヶ岳の北精進ケ滝　鳳凰三山の一つである地蔵ヶ岳を源とする石空川渓谷の上流にあり、東日本最大級の落差121メートルを誇る。「日本の滝百選」の一つ。その名の通りにこの滝で身を清めていた。滝に至る道中には糸魚川静岡構造線の断層が見られる場所もある。〈北杜市白州町・昭和20年代後半・提供＝山本政博氏〉

桜の名所で花見　うららかな春の陽気のなか、花見を楽しむ家族。この桜名所はかつての農事試験場八ヶ岳分場の近くにあった。〈北杜市長坂町・昭和29年・提供＝佐藤陸夫氏〉

台ヶ原の龍福寺からの眺め　甲州街道台ヶ原宿の鎮守・田中荒尾神社の社叢と、茂みに隠れて見えないが台原家住宅のある辺りを写した一枚。台原家は田中荒尾神社の社家である。江戸時代の台ヶ原宿では、徳川将軍に献上する宇治茶を江戸へ運ぶ「茶壷道中」の一行が毎年6月下旬に通っていた。田中荒尾神社の拝殿を宿泊場所としていたという。〈北杜市白州町・昭和30年代・提供＝台原洋氏〉

長坂駅に停まるSL　大正7年に新設された長坂駅はスイッチバック式の駅だった。スイッチバックとは、急斜面にジグザグ状に線路を敷くことで勾配を緩やかにし、列車を進行させたり退行させたりしながら坂を登っていく方式。中央の人物は、はるばる釜石から訪ねてきた写真提供者の兄。その表情から再会の喜びが伝わってくるようだ。〈北杜市長坂町・昭和31年・提供＝佐藤陸夫氏〉

甲斐駒ヶ岳　南アルプス北端の山梨県北杜市と長野県伊那市にまたがる標高2,967メートルの名峰。急峻かつ美しい山容はこの地域の象徴的存在である。『日本百名山』の著者である深田久弥は「もし日本の十名山を選べと言われたとしても、私はこの山を落とさないだろう」と絶賛した。文化13年（1816）に修験者の小尾権三郎が開山してから200年が経つ。〈北杜市長坂町大八田・昭和31年・提供＝佐藤陸夫氏〉

甲斐駒ヶ岳を望む田園風景　写真上方左側の山が甲斐駒ヶ岳。山梨県では5～6月が田植えの季節で、田んぼにいる人は笠をかぶって稲の苗を植えている。高根町は県最北端に位置し、八ヶ岳連峰の南麓にあたる。〈北杜市高根町・昭和30年代後半・提供＝丸山美奈子氏〉

池の畔でモデル撮影会　移転前の長坂中学校裏手の風景。池の畔で撮影会を行っているところ。左の女性はストールを「真知子巻き」にしている。昭和27年からスタートしたラジオドラマ「君の名は」の登場人物・氏家真知子の巻き方は大流行した。テントに長坂観光協会とあることから、観光協会の主催か。当時、この池では中学の授業でスケートが行われていた。〈北杜市長坂町・昭和32年・提供＝佐藤陸夫氏〉

桜名所の長坂牛池　灌漑用として昭和初期に整備されたため池で、長坂湖とも呼ばれる。「牛池」の名は、この地域の稲作の豊穣を祝いにやってきた神様が乗っていた牛が天に昇っていったという故事に由来するという。右側の女性が手にしているのは雑誌の付録の組み立て式のバッグである。〈北杜市長坂町長坂上条・昭和34年頃・提供＝佐藤陸夫氏〉

長坂牛池のほとりで花火の打ち上げ　桜の咲き誇る長坂牛池の湖畔で、大八田栗林の花火屋の女性が花火を上げているところ。耳をふさいでいる子どものようすから花火の爆音が想像される。甲斐駒ヶ岳を望む桜名所、明るい昼間、女性による打ち上げ花火、というユニークな写真である。〈北杜市長坂町・昭和34年頃・提供＝佐藤陸夫氏〉

長坂駅周辺商店街の空撮　東に見ており、写真中央上側に牛池が見える。中央本線は左下を通っているが写ってはいない。長坂商店街は大正7年の長坂駅開業に伴い発展した。製糸業向けの繭の出荷駅として賑わい、最盛期には100を超える店舗が軒を連ねた。〈北杜市長坂町・昭和38年・提供＝丸山美奈子氏〉

八ヶ岳牧場　清里高原よりさらに上、標高1,100メートル以上の高いところにある県立の牧場で、敷地は合計で597ヘクタールと東京ドーム約130個分の広さ。大正15年に大泉で馬の放牧を行ったことが牧場の起源であり、昭和43年に畜産牧場として整備された。本場（小淵沢町、長坂町、大泉町地内）では、黒毛和牛を飼育し、清里の分場では乳牛を育てている。〈北杜市大泉町西井出・昭和40年頃・提供＝清里館〉

韮崎駅周辺を俯瞰する　写真右手の煙突がある建物は製糸業で隆盛した片倉工業の工場。周囲はまだ住宅が少ない。韮崎駅は明治36年に開設。急勾配のためかつてはスイッチバック式の駅だった。〈韮崎市・昭和30年頃・提供＝岩下英樹氏〉

冬の耕作地　写真は養蚕のための桑畑か。当時の周辺農家は養蚕かホップ栽培のいずれかが家業であったという。背景の雲が懸かる山は甲斐駒ヶ岳。ホップ栽培には冷涼な地域が適し、昭和14年には麒麟麦酒が韮崎忽布《ほっぷ》処理場を設置している。〈韮崎市穴山町・昭和30年代半ば・提供＝宮沢敏明氏〉

穴山駅を彩る桜　大正2年、中央本線の開通を記念して植えられた桜が満開のようす。現在は残念ながら伐採され、写真の中だけの眺めである。手前は葡萄畑。穴山には大正7年創業の歴史あるワイナリー・能見園河西ワイナリーがある。〈韮崎市穴山町・昭和30年代後半・提供＝宮沢敏明氏〉

塩川橋周辺の眺め　塩川に架かる橋をボンネットトラックが渡り、写真下を中央本線が走る。河岸には大きな尿処理施設の建物が見える。現在の峡北南部衛生センターである。〈韮崎市岩下・昭和47年・提供＝鰻池康宣氏〉

御勅使川扇状地を空撮　東を見ており、写真上側が有野、下が百々にあたる。一帯は、上部中央から右へ流れる御勅使川が運んだ土砂で作られ、日本でも有数の扇状地として知られている。扇状地は果樹園に適しているためこの地域で果樹栽培が盛んとなり、現在では「果樹王国・山梨」の一角を占めている。〈南アルプス市有野・昭和58年・提供＝櫻本等氏〉

鰍沢町の雪景色　右手の大きな建物は鰍沢中学校。戦後の新学制で創立され、昭和24年に校舎が新築された。手前には畑が広がっているが、今では住宅地である。〈南巨摩郡富士川町鰍沢・昭和40年頃・提供＝新津要氏〉

富士橋西詰を俯瞰する　富士橋は橋長300メートル超の長大橋で、富士川に架かる。山の斜面にポツンと建つのは七面堂である。〈南巨摩郡富士川町鰍沢・昭和50年・提供＝柳澤晋平氏〉

奈良田集落全景　早川の両岸に家々が建ち、写真のやや右下の畑の中に、温泉掘削を行うボーリングの櫓が見える。この後、ダム建設と伊勢湾台風による河床の変化の影響で、移転を余儀なくされる。〈南巨摩郡早川町奈良田・昭和20 ～ 30年代・提供＝古民家カフェ鍵屋〉

奈良田の畑　旧集落は高台に移転する以前、昭和30年代までは早川河岸に広がっていた。平坦な土地が少ないため焼畑農耕が主で、小麦や粟などを育てていた。また温泉資源もあり、移転先の新集落には奈良田温泉がある。〈南巨摩郡早川町奈良田・昭和30～40年代・提供＝古民家カフェ鍵屋〉

雨畑地区の林業　作業員がトロッコに鈴なりに乗って移動中。かつては豊富な森林資源を背景とした林業が盛況であった。雨畑は古くから硯の産地でもあり、現在では雨畑真石硯が有名である。〈南巨摩郡早川町雨畑・年代不詳・提供＝古民家カフェ鍵屋〉

観音経隧道の前で　開通間近なトンネルの前に立っているのは作業員ではなく、コートを着た人びと。カメラを持った人もおり、記録員だろうか。入口の上には「観音経隧道」の扁額が掲げられている。〈南アルプス市芦安芦倉・昭和31年頃・提供＝古民家カフェ鍵屋〉

増穂町の空撮　北西に望んでおり、写真上方の利根川、左側の戸川が扇状地を挟む。富士川の大河は右下を流れ、川沿いを走る国道52号が見える。現在は富士川と国道の間を中部横断自動車道が通っている。〈南巨摩郡富士川町・昭和40年代・提供＝長澤英貴氏〉

山の麓で青年団奉仕活動　富里村の長塩の青年団が集まり、若い男女らが奉仕活動で活躍した。当時は青年団活動が活発で、祭りの主催などをして様々に地域を盛り上げた。〈南巨摩郡身延町・昭和25年頃・提供＝小林只典氏〉

角打を俯瞰する　写真中央やや左に身延駅が見える。左を流れるのは富士川。丸山公園から撮ったものか。〈南巨摩郡身延町角打・昭和30年代・提供＝千頭和ひろ美氏〉

富士川下り三大難所の屏風岩　写真中央、山肌に見えるのが屏風岩。富士川は水運のため江戸初期に開削されたが、急流で難所が多々あった。屏風岩、天神ヶ滝、銚子ノ口（釜口）が三大難所として知られ、屏風岩を詠じた「極寒の塵もとどめず岩ふすま」の句もある。〈南巨摩郡身延町・昭和36年・提供＝土屋正邦氏〉

秋の収穫後の風景　この時代、鎌で稲刈りをした。稲刈りが終わり天日干しの最中。当時はすべて手作業、10日ほどして脱穀をし、新米として出荷される。機械化が進み今は見ることのできない風景である。〈南巨摩郡南部町井出・昭和20年代・提供＝佐野辰巳氏〉

27.11.13
No.119 下流左岸上部より堰堤附近全影を眺む

完成した柿元ダム　ダム湖は、源流にある天子ケ岳に因んで天子湖と名付けられた。ダムの建設により昭和18年から下佐野集落は移転し、完成と共に水底に沈んだ。〈南巨摩郡南部町下佐野・昭和27年・提供＝佐野辰巳氏〉

下佐野集落　日本軽金属がアルミニウム精錬のための電力を必要とし、佐野川上流、下佐野地区にダムを建設することが決まった。写真は昭和18年秋、全村湖底に沈んだ下佐野集落の最後の貴重な風景である。〈南巨摩郡南部町下佐野・昭和18年・提供＝佐野辰巳氏〉

山脈に抱かれた内船駅　十枚山など登山の最寄り駅でもある。大正7年の開設当時の駅名は内船南部駅で、合併前の南部町の中心駅であった。写真の駅舎は昭和42年に改築されたもの。〈南巨摩郡南部町内船・昭和47年・提供＝溝口登志裕氏〉

甲府盆地を北に望む　金比羅神社が建つ山への入口付近からの眺めである。写真右下に見える白い建物は市川中学校の校舎。右側の山脈の間から富士川が流れ、右端で曲って悠々と画面を横断する。遠景の冠雪した山は八ヶ岳である。〈西八代郡市川三郷町市川大門・昭和45年・提供＝土橋永氏〉

8 人びとの暮らし

言論が統制され、食糧や生活必需品は配給制という、庶民にとって厳しい戦時下の日々は敗戦によって終わったが、生活物資の不足は昭和二十年代半ばまで続いた。

地域に課せられたのは、まず食料の増産であった。昭和二十年以降、八ヶ岳の高冷地では広大な開墾が進められた。清里村（現北杜市高根町）では再来日したアメリカ人宣教師のポール・ラッシュらが先導し清里農村センターが設立され、高冷地野菜の栽培や酪農の普及のために大きな役割を果たした。農村センターは、その後、清里の観光産業育成にも大きな寄与をすることになる。

昭和二十七年からは、夜叉神峠に穴をあけ野呂川の水を通したい、という「野呂川疏水」の夢を現実にするような総合開発事業が着手された。林道の開削、御《み》勅使《だい》川扇状地の原七郷《はらしちごう》（現南アルプス市櫛形町、白根町）への農業用水（徳島堰《せぎ》）の敷設、発電所の建設、観光ルートの開設などである。

昭和三十五年に野呂川上水道（御勅使川の伏流水を汲み上げるもの）が完成すると「月夜でも焼ける」といわれた原七郷一帯は、豊かな耕地に変貌した。また昭和三十三年に新笹子トンネルが開通すると、大消費圏である東京と直結する「果樹王国・山梨」を築くきっかけとなり、ブドウ、モモの栽培面積は以後、倍増してゆくこととなる。

さて、経済白書に「もはや戦後ではない」と記されたのは、昭和三十一年のこと。所得倍増計画が始まり、昭和三十年代にはテレビ、電気冷蔵庫、電気洗濯機が人びとの生活に普及し始める。

同四十四年に冷蔵庫の普及率が五割を超えると、カラーテレビ、クーラー、乗用車が次の人気商品となった。やがて日本は同四十八年まで続く高度経済成長期に突入する。

この章では、冠婚葬祭、年中行事、地域活動といった人びとの暮らしのひとコマを拾っている。

寄り合い　近所の男衆が自宅に集まって、茶碗酒を飲みつつ話し合いをしている。地域の事柄について語り合っていたのだろうか、カメラを向いた顔は皆かしこまった表情。〈中央市成島・昭和20年代後半・提供＝笠井知幸氏〉

昼間から呑み会　冬、写真提供者の叔父と叔母らが七輪を囲んで楽しげに酒を酌み交わし、湯気の立ちのぼる鍋に舌鼓を打つ。〈北杜市長坂町・昭和30年代半ば・個人蔵〉

家族が集まる年始　郷里に家族が揃い、晴れやかな表情で正月を迎える。食べているのは雑煮かおせちか。障子や土間のある昔ながらの住まいである。〈韮崎市穴山町・昭和30年代後半・提供＝宮沢敏明氏〉

コタツで団欒　まるで往年の邦画のワンシーンのような光景。かつては夜ともなればこのように一家揃って団欒を過ごしていたものだ。男の子のはおそらく宿題をしているのであろう。〈北杜市長坂町・昭和30年代前半・提供＝佐藤陸夫氏〉

ブドウと水晶シトロンでおもてなし　写真提供者の母の会社勤めの仲間が社宅を訪ねてきた時のひとコマ。屈託のない笑顔が印象的である。〈北杜市長坂町・昭和31年・提供＝佐藤陸夫氏〉

姉の友人宅で誕生日会　女の子たちがわきあいあいと誕生日会を開催。戦前は数え年で皆が一緒に歳をとっていたが、昭和24年に「年齢のとなえ方に関する法律」が制定されたことで満年齢が普及し、個人の誕生日で祝うようになった。〈南アルプス市小笠原・昭和30年代半ば・提供＝石川惠子氏〉

消防団の集まり　正月の出初式の後、同級生でもある団員たちが集まって一献。写真左から2番目が写真提供者である。〈南巨摩郡南部町福士・昭和33年・提供＝望月要氏〉

テレビがやってきた　自宅の居間で兄妹そろってテレビに釘付けになっている。当時は電波状態が不安定なため映ったり、映らなかったりを繰り返した。テレビ放送は昭和28年に始まり、同34年の皇太子ご成婚パレードの放送を機に一気に普及していった。〈北杜市長坂町・昭和35年・提供＝佐藤陸夫氏〉

食パンいただきます　米を始めとする穀類を主食としていた時代から、戦後になると徐々にパン食が台頭してきた。アメリカから小麦の支援を受けて再開された学校給食もパンの普及を後押しした。〈北杜市長坂町・昭和35年・提供＝佐藤陸夫氏〉

初めての冷蔵庫　テレビや洗濯機とならび三種の神器と呼ばれた冷蔵庫は高度経済成長とともに広まった。写真の冷蔵庫の中には卵、トマトジュース、ビール、野菜などが見える。〈北杜市長坂町・昭和35年頃・提供＝佐藤陸夫氏〉

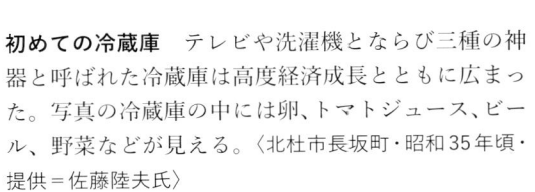

洗濯機からこんにちは　いたずら坊やは写真提供者。左手でつかまっているのは脱水ローラーである。実家が電気屋だったことから家電は身近な存在だったという。〈南アルプス市沢登・昭和37年・提供＝斉藤忠彦氏〉

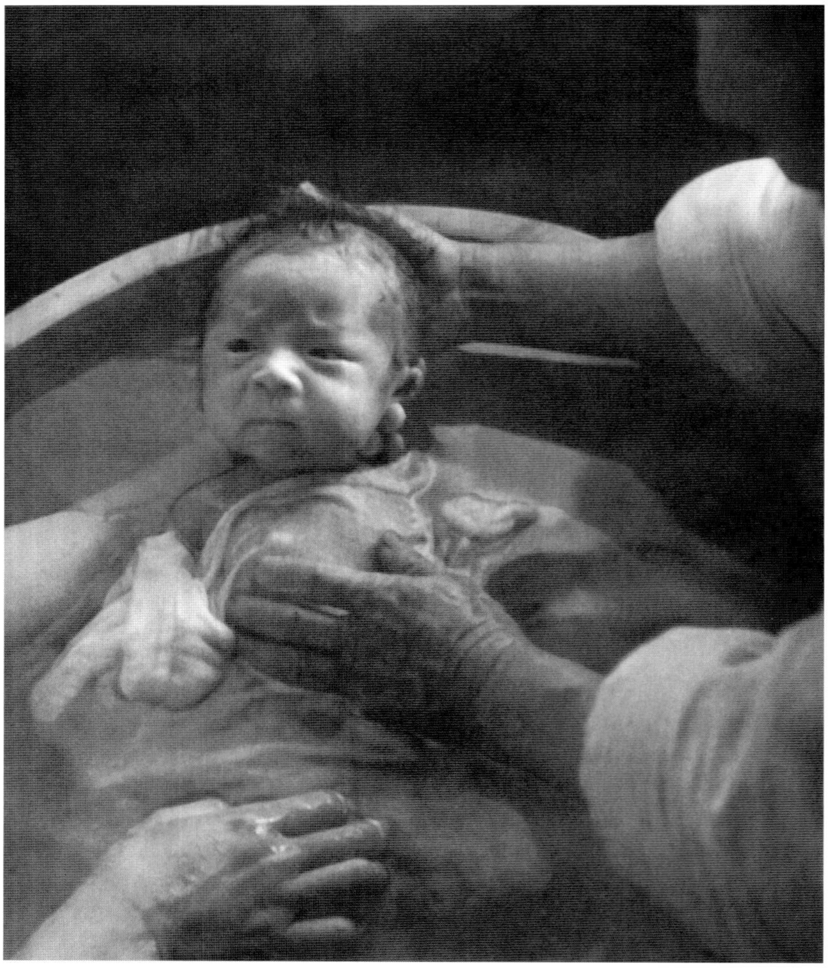

産湯につかる赤ちゃん　病院から自宅に帰ってきたばかりの赤ちゃんを、木製のタライで初めて入浴させているところ。この子は病院で生まれたが、昭和40年頃までは自宅で出産することも珍しくはなかった。〈中央市成島・昭和35年・提供＝笠井知幸氏〉

離乳食や粉ミルクを作るおばあちゃん　かわいい孫のために奮闘する祖母の姿。今も昔も離乳食を用意するのは手間のかかることである。因みにわが国で最初の国産粉ミルクは大正6年に発売された「キノミール」。〈中央市成島・昭和33年・提供＝笠井知幸氏〉

嫁入りの記念写真　婚礼前のひとコマである。お嫁さんを始め、式を控えた一同。晴れやかながらも緊張した面持ちのようす。〈中央市下河東・昭和20年代・提供＝笠井知幸氏〉

花婿の自宅で祝言　花嫁は韮崎から双葉町の宇津谷に嫁いできた。結婚式の三三九度と祝宴を自宅で行うことは、昭和の半ばまで一般的であった。〈甲斐市宇津谷・昭和42年・提供＝鰻池康宣氏〉

花嫁の村まわり　長塩にお嫁にきた女性が昭和橋を通って、村まわりの挨拶を行っている。傘をさしているがお嫁さんの表情はとてもにこやか。〈南巨摩郡身延町・昭和35年・提供＝小林只典氏〉

角打地区の獅子舞　駅前の商店街で、青年団とOBが獅子頭を囲んで一枚。小正月の1月14、15日の行事で、町内の各戸を回り、家内安全を願う獅子舞を舞った。背景には土産物店がズラリと軒を連ねる。〈南巨摩郡身延町・昭和41年・提供＝伊藤公也氏〉

結婚式の祝い膳　写真提供者の叔父が実家で式を挙げた。膳の上にはご馳走。お祝いに駆けつけた親戚一同と記念撮影。〈西八代郡市川三郷町・昭和30年代半ば・提供＝内藤寿津子氏〉

嫁入り道具のお披露目　婚礼の際に花嫁が持参する嫁入り道具。衣装見せといって、新郎家族や近所の人々にお披露目をした。伝統的な桐ダンスのほか、ミシンや洗濯機など当時の家電が見える。〈南アルプス市下今井・昭和30年代前半・提供＝落合恒雄氏〉

縁側にて　地面に置かれている材木の切れ端は、かまどの焚き付け用である。写真右奥の女性は井戸で水を汲んでいるところ。かつては今のように、屋内にすべての設備が揃って家の中で生活が完結するのではなく、井戸や風呂など生活に必須なものが屋外にもあり、庭も「家」の延長であった。〈南アルプス市小笠原・昭和31年・提供＝近藤久氏〉

ブリキ製のペダルカー　白黒写真なのでわからないが、実物は真っ赤な色で、近所でも目立っていたという。ペダルカー（足こぎ車）のハンドルを握る子どもは真剣な表情。〈甲斐市西八幡・昭和31年・提供＝三井千亜紀氏〉

タイル貼りのお風呂を満喫　初めて自宅に全面タイル貼りの風呂が完成した。頭にタオルを載せ、まさに「いい湯だな」といいたい一枚である。戦後の経済成長により、昭和中期からの風呂場はタイル貼りが主流になった。下地材で防水し、タイルを貼って耐久性を高め、かつ見た目にも美しいものであった。〈南巨摩郡富士川町青柳町・昭和30年頃・提供＝深澤純氏〉

あるの日の庭　縁側で日差しを浴びてくつろぐ親子。庭に置かれているのは父親のバイク。干された布団がのどかな雰囲気である。〈中央市成島・昭和30年代・提供＝笠井知幸氏〉

雪遊び　雪の積もった日に元気よく外に出て雪だるまを作って遊ぶ2人。右の子どもは写真提供者で、セーラー服の女学生は母の妹だという。〈富士川町鰍沢・昭和38年・提供＝樋口和仁氏〉

自転車に乗って　兄弟や近所の仲良しと自転車で遊ぶ。子ども用自転車の普及していない時代で、子どもは大人用の大きな自転車で「三角乗り」をしたりしていた。〈甲斐市西八幡・昭和40年・提供＝三井千亜紀氏〉

オートバイでポーズ　靴下製造工場で写真提供者の母が腰掛けてパチリ。工場は母の勤務先で、単車の持ち主は工場経営者の息子だという。おおらかな雰囲気が感じられる一枚。〈南アルプス市小笠原・昭和39年・提供＝近藤久氏〉

春祭りのおめかし　毎年4月3日頃に行われる地元の春祭りに行くところ。〈南アルプス市藤田・昭和31年・個人蔵〉

これからお宮参りへ　生まれたばかりの妹のお宮参りに行くところ。兄2人と、背負ってるのは近所のお姉さん。〈中央市成島・昭和38年・提供＝笠井知幸氏〉

お正月の凧揚げ　懐かしの和凧を手にしているが、凧に漫画のキャラクターが描かれているところに時代が感じられる。〈中央市成島・昭和40年・提供＝笠井知幸氏〉

端午の節句　立派な武者のぼりの前で写真を撮る親子。武田信玄公のように強く育ってほしいという願いを込めた幟《のぼり》である。〈南巨摩郡富士川町鰍沢・昭和37年・提供＝樋口和仁氏〉

向田の青年会演芸大会　娯楽が少なかった戦後の楽しみは、青年団による催し物であった。終戦から程ない頃だが、若人らの顔には笑顔が溢れている。〈南巨摩郡南部町福士・昭和24年・提供＝望月要氏〉

七夕の節句　自宅前にしつらえた七夕飾りの前で写真を撮る母子。ちなみに、唱歌「たなばたさま」を作詞した権藤花代は現在の韮崎市穴山町出身である。〈南巨摩郡南部町福士・昭和43年頃・提供＝望月要氏〉

茅葺き屋根の葺き替え　明治初期に建てられた茅葺屋根、茅葺きの葺き替え作業。今では建物はそのままで、屋根だけ現代風にしている家が多い。昔ながらの住まいは珍しくなった。〈南巨摩郡南部町井出・昭和30年頃・提供＝佐野辰巳氏〉

養蚕を営む民家　蚕の季節には人間よりも蚕を優先し、1階から2階の屋根裏まで蚕を飼っていたという。山梨は全国有数の養蚕地帯でもあった。〈甲斐市上福沢・昭和20年代・提供＝上野喜弘氏〉

茅葺き屋根の美しい旧家　明治に建てられた昔ながらの家屋である。庭に停まっている車はマツダの軽自動車のR360クーペ。〈南アルプス市桃園・昭和30年代後半・提供＝加藤庄八氏〉

奈良田の集落①　この当時は中井戸を集落の皆で共有し、生活用水としていた。かつての奈良田集落と共に失われた光景である。〈南巨摩郡早川町奈良田・昭和30年頃・提供＝古民家カフェ鍵屋〉

奈良田の集落②　民家の庭で年配のご婦人たちが輪になって、踊りの練習中だろうか。楽しげな笑顔が印象的な一枚。〈南巨摩郡早川町奈良田・昭和30年代・提供＝古民家カフェ鍵屋〉

奈良田の集落③　賑やかに膳を並べ、宴会もたけなわ。奈良田集落では祝いごとや集会の際には、皆で一軒の家に集まり膳で食事をした。早川の左河岸にあった旧集落は、西山ダムの建設と伊勢湾台風による河床の上昇で、昭和36年までに全戸が移転した。〈南巨摩郡早川町奈良田・昭和30年代・提供＝古民家カフェ鍵屋〉

新築の棟上げ式　自宅の棟上げに伴い、皆で無事を祈った。梁の上に所狭しと並べられた酒樽が壮観である。〈南アルプス市飯野・昭和38年・提供＝中澤明彦氏〉

モデル撮影会　長坂町役場で開催されたモデル撮影会。和装と洋装の女性が微笑む。写真提供者がカメラ好きだったことから参加した。〈北杜市長坂町・昭和30年・提供＝佐藤陸夫氏〉

昭和町の文化祭　文化祭公民館祭りと講演が、町役場の裏手にあった公民館にて開催された。本格的に和服を着た歌い手が尺八の調べで披露中。〈中巨摩郡昭和町・昭和40～50年代・提供＝昭和町役場〉

長坂牛池でスケート　冬に凍った長坂牛池でスケートを友人と楽しむ。写真左端の女性の足元は下駄スケートである。ここではスケートの県大会も行われていた。〈北杜市長坂町長坂上条・昭和31年・提供＝佐藤陸夫氏〉

婦人会の発表　婦人会の女性たちが自慢の踊りを披露した。会場となっているのは旧長坂小学校の講堂。〈北杜市長坂町・昭和35年頃・提供＝佐藤陸夫氏〉

日本舞踊の発表会　女の子が扇子を片手に一生懸命に舞う。場所はかつて旧櫛形町小笠原にあった映画館の小笠原武蔵野館。〈南アルプス市小笠原・昭和30年代前半・提供＝石川惠子氏〉

増富ラジウム温泉に宿泊　婦人会の親睦会で温泉へやって来た女性たち。増富ラジウム温泉は武田信玄の隠し湯だったという伝承をもつ。不老閣は現在も営業している。〈北杜市須玉町・昭和40年・提供＝土屋正邦氏〉

町長時代に　写真提供者の祖父の柳沢勇氏が、役場前にて挨拶を行った際のひとコマ。町のお祭りだろうか、万国旗が飾られている。〈南巨摩郡富士川町鰍沢・昭和42年・提供＝柳澤晋平氏〉

農作業のひと休み　市川大門町の印沢の畑で、休憩時間にくつろぐ人々。赤ちゃんに授乳をしたり、ラジオを聞いたりしている。写真提供者の祖父がフォトコンテストに応募し、特賞に輝いた1枚。〈西八代郡市川三郷町市川大門・昭和27年・提供＝土橋永氏〉

狩猟者たち　狩りに来た男性2人が休んでいるところへ、もの珍しさに子どもが近寄ってきた。座る男性の腰には弾帯、左の男性は猟銃を手にしている。〈北杜市長坂町・30年代前半・提供＝佐藤陸夫氏〉

ミヤイリガイの駆除　日本住血吸虫症はかつて日本の一部地域に分布していた死病である。山梨県では「地方病」と恐れられ、中間宿主であるミヤイリガイ（宮入貝）の大々的な撲滅が行われた。県は平成8年に流行終息を宣言している。〈中巨摩郡昭和町・年代不詳・提供＝昭和町役場〉

七面山にて　標高1,982メートルの七面山は、身延山の守護神の七面大明神を祀る信仰の山である。七面山には7つの池があるとされ、写真は一の池。因みに、一の池と二の池は寺院の周囲にあるが、残りの5池は位置不明といわれる。〈南巨摩郡身延町身延・昭和31年・提供＝鮎川智典氏〉

甲斐駒ヶ岳の登山　2,967メートルあるこの山を登るには、易しいコースを選んでもほぼ1日かかる。腹ごしらえに飯盒《はんごう》で煮炊きしているところ。〈北杜市白州町・昭和35年頃・提供＝山本政博氏〉

河原でキャンプ　南部町井出地区の子供クラブのメンバーが、佐野川の河原でキャンプを楽しんだ。自分で食べる分の米は持参したという。〈南巨摩郡南部町井出・昭和36年頃・提供＝佐野辰巳氏〉

絵を描く藤山愛一郎　外務大臣、衆議院議員、日本航空会長などを歴任した昭和の大物・藤山愛一郎が八ヶ岳を描いているところ。〈北杜市長坂町・昭和37年頃・提供＝山本政博氏〉

巨摩高等女学校の同窓会　集まっているのは第2回卒業生たち。会場は櫛形町の店、かど柳である。巨摩高等女学校は昭和23年に新学制で巨摩高校となっている。〈南アルプス市小笠原・昭和32年・提供＝志村喜仁氏〉

玉穂村の敬老会　玉穂村立三村小学校で開かれた。当時の教室は間仕切りを取り払って集会や行事などに活用されていた。ぶら下げられた裸電球が時代を物語る。〈中央市・昭和30年・提供＝笠井知幸氏〉

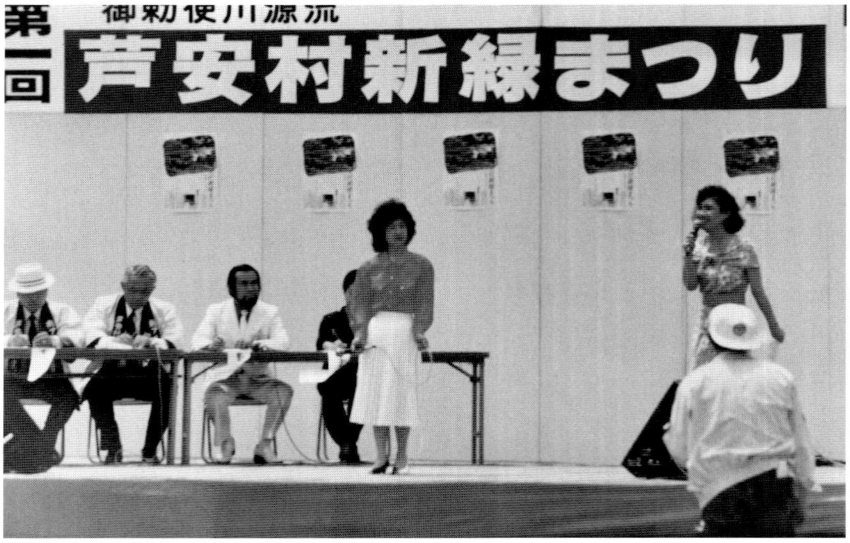

第一回芦安村新緑まつり　芦安村の豊かな自然をアピールする新緑まつりが開催された。写真は祭りのイベントでのひとコマ。舞台中央の写真提供者は、金田たつえの歌を披露したという。審査員席の白いスーツは作曲家・望月吾郎である。〈南アルプス市・昭和60年・提供＝穴水操氏〉

双葉町の成人式　双葉町民会館で開催。引き締まった面持ちの若者たちは成人の第一歩を踏み出した。〈甲斐市・昭和40年・提供＝柳本胖氏〉

櫛形町成年式　多くの成人が集まり、櫛形中学校で挙行された。〈南アルプス市小笠原・昭和41年・提供＝杉山哲夫氏〉

昭和村の第16回の成人式　会場は押原小学校。瓦屋根の木造校舎が目を引く。〈中巨摩郡昭和町・昭和38年・提供＝云村喜仁氏〉

母校を訪れた金メダリスト　ジャンプしている女性は河西昌枝。東京オリンピックで東洋の魔女と呼ばれた日本の女子バレーのコーチ兼主将である。母校の巨摩高校の体育館にて。〈南アルプス市小笠原・昭和40年頃・個人蔵〉

櫛形町西地区の運動会　櫛形西小学校で行われた地域の運動会。下市地区の男性たちが入念な打合せをしている。〈南アルプス市上市之瀬・昭和46年・提供＝杉山哲夫氏〉

楽団・塩川　岩下地区の未婚の男女で結成されたという。戦争から解放され、思い思いの衣装に身を包んで青春を謳歌しているようすが伝わってくる。〈韮崎市岩下・昭和22年頃・提供＝岩下幸夫氏〉

第1回豊富青年学級　昭和28年に青年学級振興法が制定され、勤労青年のための学習機会を設ける取り組みが行われていた。写真は県立青年会館にて開催された青年団講習会。〈中央市・昭和32年・提供＝土屋正邦氏〉

鉄塔完成の記念撮影　富里村長塩の青年団が手伝い、日本軽金属の発電所からの送電のために鉄塔を建設した。完成の喜びがひしひしと伝わってくる。〈南巨摩郡身延町・昭和25年・提供＝小林只典氏〉

八木沢地区の青年団の演芸大会　ドレスやネクタイが見えることかから欧米の芝居を演じたことがうかがえる。鳥居の中央には印象的な天狗の面が見える。〈南巨摩郡身延町下八木沢・昭和26年頃・提供＝鮎川智典氏〉

第二回東八代郡青少年相談員研修会　青少年の問題に関する相談員の研修が下部温泉の大市館にて開催された。戦前に大市館の母屋は登録有形文化財に指定されている。〈南巨摩郡身延町・昭和33年・提供＝土屋正邦氏〉

青年団の寄り合い　青年の主張を語り合う研修会のようす。南部町の内船寺の鐘堂に集まり、話し合った。打ち解けた雰囲気が、互いの心を強く響かせ、活動の原動力となった。〈南巨摩郡南部町内船・昭和36年・提供＝佐野辰巳氏〉

塩崎村の火の見櫓竣工記念　念願だった金属製の火の見櫓が建設された。地元の消防団第三部の皆で登り、完成を祝った。〈甲斐市宇津谷・昭和29年・提供＝白倉正子氏〉

田富町消防団第二分団のポンプ置場の新設記念　当時はポンプを喞筒（そくとう）と漢字で書いた。現在の消防団は人手不足となっているが、かつてはこのように大勢で活動していた。〈中央市西花輪・昭和44年・提供＝花輪幹夫氏〉

若草消防団の出初式　若草村の消防団の鏡中條分団の出初式のようす。年頭とあって一同は引き締まった表情。〈南アルプス市・昭和33年・提供＝落合恒雄氏〉

身延町消防団の大河内分団第四部　ジープを改良したポンプ車のフロントにしめ飾りをしている。正月の出初式のひとコマであろう。〈南巨摩郡身延町角打・昭和30年代後半・提供＝千頭和ひろ美氏〉

秋田村の消防団の記念写真　写真提供者の父が所属していた。背後の鳥居は桃山時代に創建され、武田信玄公も祈願したという由緒ある白山神社。〈北杜市長坂町・昭和39年・提供＝内田則子氏〉

火の見櫓が完成　小淵沢町消防団第六部の火の見櫓がこの12月に竣工した。冬の初めにようやく櫓ができたが、火事が増加する季節を迎え、消防団員たちの表情は厳しい。〈北杜市小淵沢町・昭和29年・提供＝宮澤書店〉

自衛官と記念撮影　演習に訪れた自衛隊が増穂町の小学校に宿泊した。その際に自衛官と写した一枚だという。〈南巨摩郡富士川町最勝寺・昭和40年頃・提供＝長沢英貴氏〉

クリスチャンだった祖父の葬式　参列者が献花のために花を一本ずつ手にしている姿にキリスト教の葬儀の特徴が表れている。撮影場所は、自宅の敷地内にあったクリスチャン集会所の前。〈中央市成島・昭和29年・提供＝笠井知幸氏〉

お墓参り　平和観音裏の墓地にて、親戚らも集まり法事を行っている。このように親族揃って墓の供養に参る光景は、近年はすっかり減ってきた。〈韮崎市富士見ケ丘・昭和30年代・提供＝輿水章子氏〉

白根村飯野の葬式　先頭に僧侶が7人並び、参列者が後方までずっと連なる盛大な葬儀。儀式がひと通り終わり、これから皆で埋葬地へ向かうところ。〈南アルプス市飯野・昭和30年代・提供＝中澤明彦氏〉

若草町の葬式　自宅から寺院まで、紙に包んだ硬貨を籠に入れて撒きながら歩いたという。一連の儀式の後には、火葬場まで野辺送りを行った。〈南アルプス市下今井・昭和57年・提供＝落合恒雄氏〉

特集◆

心に残る出来事

聖火ランナーを待ちわびる観衆　甲州街道沿いの床屋・正直堂前で、聖火ランナーを先導するパトカーが通る。東京オリンピックの聖火リレーは国内を４ルートに分かれて全都道府県を回り、各地で熱狂的に迎えられた。山梨県は10月６日に到着。白州町、武川村を経て韮崎市を通過した聖火リレーは、双葉町へと向かった。〈韮崎市本町・昭和39年・提供＝岩下英樹氏〉

昭和二十六年、最初の県民知事となった天野久は「富める山梨」をスローガンに、県土の総合開発を推し進めた。本書の対象地域では、野呂川総合開発事業、西山発電、八ヶ岳山麓での酪農、茅ヶ岳山麓開発などが進められた。特に、野呂川の開発は、長いこと旱魃に悩まされていた原七郷では賛成を得られたが、下流の南湖、藤田、五明《ごめい》の三カ村は反対した。天野知事は両者との調整にあたった。昭和三十年には夜叉神峠《やしゃじん》トンネルが開かれた。野呂川林道は、一〇年四カ月の工期で、十億円を超える総工費で、三十七年に完成した。

　昭和四十年代半ば以降、国母工業団地にはじまった誘致企業の県内進出は、山梨県の製造業の性格を、それまでの在来産業から大きく転換した。その後、中巨摩郡を中心とする甲西、釜無、身延の工業団地も相次いで造成された。その一方で、昭和三十七年には愛称「ボロ電」が廃止され、山梨県も自動車社会へと突入していくのである。

　昭和三十九年、静岡、長野、山梨にまたがる山岳群は南アルプス国立公園に指定された。

　その後、五十四年には芦安《かりやす》村と長野県長谷村を結ぶ五六・九キロメートルの南アルプススーパー林道が完成し、高山植物の宝庫として名高い鳳凰三山や白根三山への登山者を増加させた。なお、生息するライチョウは昭和三十年に「特別天然記念物」に指定されている。

　昭和三十四年八月、富士川沿いに北上した台風七号は、各地で山崩れや土石流を発生させた。その後、九月には「伊勢湾台風」が再び襲い、七号台風の被害を受けた韮崎では、仮設提防が四〇〇メートルにわたって決壊した。一方、野呂川総合開発事業で三十一年に完成していた西山ダムには大量の土砂が流入した。この二つの台風で山梨県が受けた被害総額は四〇〇億円を超えたという。

　ポール・ラッシュは、昭和十三年から清里に清泉寮を建設した。キープ協会の実験農場は八ヶ岳山麓での酪農に寄与したが、昭和四十年以降になると、道路網の整備もあって野菜栽培に転換していった。なお、清里は高度経済成長を背景とする開発によって高原観光地として大きく発展する。

　甲府盆地の西部では古くから「地方病」に苦しめられていた。昭和三十二以降、中間宿主である宮入貝の生息防止のための二千キロメートルものコンクリート水路が完成することで日本住血吸虫症は終息した。

昭和天皇巡幸　終戦翌年の昭和21年から、昭和天皇が全国各地を視察するいわゆる「戦後巡幸」が始まった。山梨県への巡幸は同22年10月で、同月14日に県立巨摩高等女学校（現巨摩高校）を訪問された。写真には御料車へ乗り込む昭和天皇と、大勢の人びとが写る。〈南アルプス市小笠原・昭和22年・提供＝野中省三氏〉

PTAの清掃記念写真　戦後GHQ（連合国軍最高司令官総司令部）の指導の下、父母と教師の会であるPTAが全国の学校に結成された。写真はまだ占領期の昭和26年であるが、この頃にはほぼすべての小学校、中学校、高校にPTAがあり、保護者たちによる清掃活動などの労働奉仕が行われていた。〈北杜市長坂町・昭和26年・提供＝山本政博氏〉

戦没者供養の石碑建立　田富村布施の妙泉寺に、太平洋戦争で亡くなった戦死者の供養塔が建立された。写真提供者の伯父もこの石塔に供養されている。〈中央市布施・昭和27年・提供＝内藤寿津子氏〉

野球大会　小淵沢のグラウンドで、写真提供者が勤める会社の野球大会が開催された。戦前から人気のあった野球は、戦後の数少ない娯楽の一つだった。〈北杜市小淵沢町・昭和27年・提供＝佐藤陸夫氏〉

小淵沢駅開駅五十周年　明治37年に開業した小淵沢駅は昭和29年に開業50周年を迎えた。この年は、小淵沢村と篠尾村が合併して小淵沢町が発足しており、合同で記念式典が行われた。写真の垂れ幕には「小渕沢」と表記してあり、今でも「渕」の字が混在して見られる。
〈北杜市小淵沢町・昭和29年・提供＝宮沢裕夫氏〉

保育園のクリスマス会　長坂町の日野保育園で行われたクリスマス会の後に、園児と保護者たちが記念撮影をした。サンタクロースの周りに座る園児たちは皆、頭に飾りをつけていてかわいらしい。〈北杜市長坂町日野・昭和30年・提供＝山本政博氏〉

長坂町の運動会　子どもたちの踊りが始まる直前の撮影か、グラウンドの周りだけでなく、写真奥の高台にも見物人たちがひしめき合っているのがわかる。当時の運動会は地域の一大行事で、町中の人が楽しみにしていたという。場所は小学校か中学校の校庭と思われる。〈北杜市長坂町・昭和30年・提供＝佐藤陸夫氏〉

クリスマスおゆうぎ会記念　保育園でのおゆうぎ会の後に保護者たちで記念写真を撮った。母親達は和服が多く、中には赤ちゃんをねんねこ半纏《はんてん》でおぶっている姿も見える。下村保育園にて。〈北杜市長坂町大八田・昭昭和31年・提供＝内田則子氏〉

清光寺で式典　曹洞宗朝陽山清光寺は、仁平元年(1151)創建の古刹。この日は、太平洋戦争戦没者の慰霊碑建立記念式典が行われたと思われる。〈北杜市長坂町大八田・昭和30年・提供＝佐藤陸夫氏〉

建設中の韮崎平和観音　昭和34年の皇太子（現上皇）ご成婚を記念し、市民の平和と登山の安全を願って建立された。同36年の完成。高崎、大船の観音像と並び「関東三観音」の一つと称される。〈韮崎市中央町・昭和35年頃・提供＝岸本俊子氏〉

増水した富士川　詳細は不明だが、台風か大雨の時の撮影だろう。奥に見えるのは、まだ吊り橋だった頃の身延橋。身延橋は昭和47年に現在の鉄筋コンクリート造りの橋に架け替えられる。〈南巨摩郡身延町角打・昭和30年代・提供＝千頭和ひろ美氏〉

台風7号襲来①　昭和34年、伊勢湾台風と前後して県内に大きな被害をもたらした、8月の台風7号。釜無川が豪雨で氾濫し、未曽有の大洪水を引き起こした。写真は韮崎中学校の被害のようすである。〈韮崎市・昭和34年・提供＝宮澤書店〉

台風7号襲来②　釜無川橋周辺の被害状況。孤立した人びとが救出されているのが見える。〈北杜市小淵沢町・昭和34年・提供＝宮澤書店〉

伊勢湾台風の被害①　昭和34年9月26日、和歌山県潮岬に上陸した台風15号は全国で甚大な被害をもたらし、後に伊勢湾台風と呼ばれた。山梨県でも瞬間最大風速37．2メートルを記録し、15人の死者が出た。富沢町にあった仲亀自転車店の前も浸水し、奥の店舗の１階部分まで水に浸かっている。大変な状況だが、子どもたちは珍しそうである。〈南巨摩郡南部町福士・昭和34年・提供＝望月昇氏〉

伊勢湾台風の被害②　富沢町福士の被害のようす。トラックが水没している。〈南巨摩郡南部町福士・昭和34年・提供＝望月昇氏〉

東京オリンピック聖火ランナー　韮崎市を通ってきた聖火は、塩川橋で双葉町のランナーに引き継がれた。双葉町の聖火ランナーは、双葉中学校の生徒が務めた。〈甲斐市宇津谷・昭和39年・提供＝鰻池康宣氏〉

さようなら大河内電話　当時の大河内郵便局では電話交換業務を取り扱っていたが、昭和43年5月26日に業務が終了し、ダイヤル式電話に切り替えられることとなった。写真はその前日の25日に撮影された記念写真である。〈南巨摩郡身延町角打・昭和43年・提供＝伊藤公也氏〉

八田村文化・公民館祭　八田村で活動していた各団体が、この年の秋に日頃の活動や学習の成果を公民館で披露した。舞台上では「吟舞」の披露中。左端に見える人の詩吟に合わせ、扇を使った舞を披露している。〈南アルプス市野牛島・昭和54年・提供＝穴水操氏〉

身延町愛育まつり　母子の健康と福祉向上のため、身延町主催の「愛育まつり」が身延小学校体育館で開催された。参加した母親と赤ちゃんたちには記念品も配られた。〈南巨摩郡身延町梅平・昭和47年・提供＝藤田勝夫氏〉

町内保育所交通安全パレード
市川大門町の中央通りで、保育所の園児たちが風船を手に持ち交通安全を訴えた。〈西八代郡市川三郷町市川大門・昭和57年・提供＝市川三郷町役場〉

かいじ国体炬火リレー　この年、第41回国民体育大会「かいじ国体」が山梨県で開催された。写真は、見延町の下部温泉で炬火を待つランナーたち。中富町から引き継いだ炬火を手に見延町内の14区間を回り、下部温泉でも神泉橋から下部駅（現下部温泉駅）までを走った。〈南巨摩郡身延町下部・昭和61年・提供＝下部温泉郷〉

下部駅に降り立つかいじ国体の参加者たち　かいじ国体に参加する各都道府県の選手たちは、この後宿泊先となる下部温泉郷の旅館へ向かった。下部温泉郷では合計27軒が選手団の宿泊所となっていた。〈南巨摩郡身延町下部・昭和61年・提供＝下部温泉郷〉

土地区画整理事業が竣工　土地区画整理事業は道路などを含める公共施設と共に、宅地整備などを進める事業手法。写真は甲府市昭和町神屋土地区画整理事業が完了した祝賀式典のようす。施行地区は甲府市の西部及び昭和町の東部で、昭和60年度～63年度にかけて実施された。〈中巨摩郡昭和町・昭和63年・提供＝昭和町役場〉

宮地橋の渡り初め　深沢川に架かる宮地橋が平成元年に完成し、10月1日に竣工記念の渡り初めが行われた。櫛形町に住む三世代夫婦の後に、町内関係者約100名が続いて渡った。〈南アルプス市小笠原・平成元年・提供＝加藤庄八氏〉

リゾート昭和の竣工式典　「清里の森」の中に保健休養施設のリゾート昭和が完成した。リゾート昭和は、人びとに憩いの場所を提供する町民の別荘。「清里の森」は八ヶ岳南麓の県有林を整備した県の施設地区である。〈北杜市高根町清里・平成元年・提供＝昭和町役場〉

9 交通網の変遷

巨摩地域を走る鉄道は県都の甲府から北西に諏訪、塩尻へ向かう中央本線（韮崎以西の開通は明治三十七年）、途中の小渕沢から八ヶ岳南麓を北東へ佐久、小諸を結び、戦前戦後は木材や高原野菜の出荷に役割を果たした山岳路線の小海線（全線開通は昭和十年）、そして、古くは身延山への参詣客を狙って作られた富士身延鉄道を前身として昭和三年に全通し、甲府より南に甲府盆地を横切って市川大門から身延、東海道線の富士、静岡を結ぶ身延線がある。このほかに昭和七年から三十七年まで、甲府と西郡の青柳までを結ぶ山梨交通電車線があった。

中央本線も身延線も、七里岩や富士川沿いの厳しい地形条件を克服して敷設されたもので、中央本線の韮崎〜小淵沢間は二五パーミルという急勾配を克服するために、かつては韮崎、新府（信号所）、穴山、長坂にスイッチバック方式の駅が設けられた。電車特急のあずさ号が運転されたのは、複線電化工事が終わった昭和四十一年であった。

鉄道を補完するのはバス交通である。巨摩地域は県都甲府から延びるバス路線が通るが、中でも北巨摩の韮崎、中巨摩の小笠原、鰍沢などを結節点として昭和四十年代はじめをピークに多くの路線が街を結んでいた。これ以後は幹線となる国道二〇号や五二号でバイパス工事が進展し、山間奥地まで道路の舗装整備が進む一方で、自家用車の普及によるモータリゼーションが急速に進展してバス利用者は激減し、バス路線は縮小の一途をたどる。

北巨摩を通過する中央自動車道は、最後まで残っていた韮崎と甲府昭和ＩＣ間が開通して昭和五十七年に全通した。途中の双葉から分岐して静岡県清水市の東名高速道路までを結ぶ中部横断自動車道は、一部を県の直轄事業として工事が進められ、令和三年に全線が開通した。いずれも交通量の多かった国道二〇号、国道五二号のバイパスとしての役割を担い、高井戸ＩＣから韮崎ＩＣまで一時間半、静岡ＩＣから身延山ＩＣを四五分で結ぶなど、地域のアクセスは飛躍的に改善し、巨摩の観光地化に大きく貢献している。

中央本線を走るSLやまなし　平成22年、山梨県「花と名水 美し色の山梨」キャンペーンとJR東日本「山梨・中央線キャンペーン」が協働して開催された。写真はその一環として、5月29日から6月6日までの土曜日と日曜日に、甲府〜小淵沢間を走った「SLやまなし」。D51が中央本線を走るのは実に45年ぶりのことだった。〈韮崎市若宮・平成22年・提供＝輿水章子氏〉

清里駅①　清里観光ブームになる前から、清里は高原の避暑地であった。写真は木造であった頃の駅舎を背景に、夏のよそ行き姿の子どもたち。〈北杜市高根町清里・昭和45年・提供＝丸山美奈子氏〉

清里駅②　まだ素朴な駅前のようす。昭和50年頃から女性雑誌などで紹介され、若い女性客が増えていったのが清里観光ブームの始まりという。〈北杜市高根町清里・昭和47年・提供＝溝口登志裕氏〉

清里駅③　清里観光ブームが到来し、昭和49年には駅レンタカーが営業を開始。同51年には駅舎がコンクリート造に改築される。駅前の建物はメルヘンチックな建物に建て替えられ、「高原の原宿」とも呼ばれるようになっていく。〈北杜市高根町清里・昭和50年・提供＝溝口登志裕氏〉

小淵沢駅　中央本線の駅として明治37年に開設され、昭和8年には小海南線（現小海線）の接続駅となる。駅舎は平成29年に橋上駅舎化され、現在では駅前広場や観光案内所などもある利便な交通結節点となっている。〈北杜市小淵沢町・昭和34年・提供＝宮澤書店〉

ボロ電が走る　釜無川に架かる開国橋の電車専用橋を渡る、通称「ボロ電」。山梨交通の路面電車で、地元民は親しみを込めて「ボロ電」と呼んでいた。交通手段の変遷や伊勢湾台風の影響で、昭和37年に運行廃止される。〈甲斐市西八幡・昭和30年代半ば・提供＝三井千亜紀氏〉

急行「富士川」号　身延駅ホームに入ってきたところ。昭和31年に準急列車として運行開始され、写真の頃は急行列車であった。翌47年の車両更新を前に、旧型車両として最後の活躍を見せている。平成7年に特急へ格上げされ、平仮名表記の「ふじかわ」となっている。〈南巨摩郡身延町角打・昭和46年・提供＝溝口登志裕氏〉

伊勢湾台風の被害を受けた山梨交通の車庫　昭和34年の台風15号による被害写真。櫛形町にあった山梨交通電車線の車庫は屋根が崩れ落ち「ボロ電」が傾いてしまっている。〈南アルプス市小笠原・昭和34年・提供＝三井千亜紀氏〉

「ボロ電」最後の日　昭和37年6月30日、増穂町にあった終点・甲斐青柳駅で撮影されたもの。山梨交通電車線は昭和5年の山梨電気鉄道時に開通し、「ボロ電」の愛称で親しまれたが、この日限りで廃止された。写真提供者の父はこのボロ電の運転手をしていた。〈南巨摩郡富士川町青柳町・昭和37年・提供＝三井千亜紀氏〉

都市計画街路の開通　都市計画街路の上石田一丁目西条線が開通。くす玉が割られ、祝賀行事が行なわれている。主要幹線道路を補完する地域幹線道路として、町内の円滑な交通を担う道路である。〈中巨摩郡昭和町・平成元年・提供＝昭和町役場〉

祝急行停車東花輪駅　この年の10月、東花輪駅への急行停車が実現し祝賀会が開かれた。現在は市の中心駅であり、県内のJR東海管内では最も利用者の多い駅となっている。〈中央市東花輪・昭和47年・提供＝中央市〉

鰍沢口駅　富士身延鉄道の鰍沢黒沢駅として昭和2年の身延～市川大門間開通時に開設され、同13年から現在の駅名となった。平成18年からすべての特急が停まる駅になるが、同24年に身延駅管理となり無人駅化されている。〈西八代郡市川三郷町黒沢・昭和47年・提供＝溝口登志裕氏〉

長坂駅のホームで　同駅は大正7年の開設。当初はスイッチバックの駅であり、列車は坂を一度上ってからホームまで後退したため、通勤客などは坂の上で列車を待ったという。平成30年には長坂駅開業100周年記念イベントが開催され、記念碑が建立されている。〈北杜市長坂町長坂上条・昭和31年・提供＝佐藤陸夫氏〉

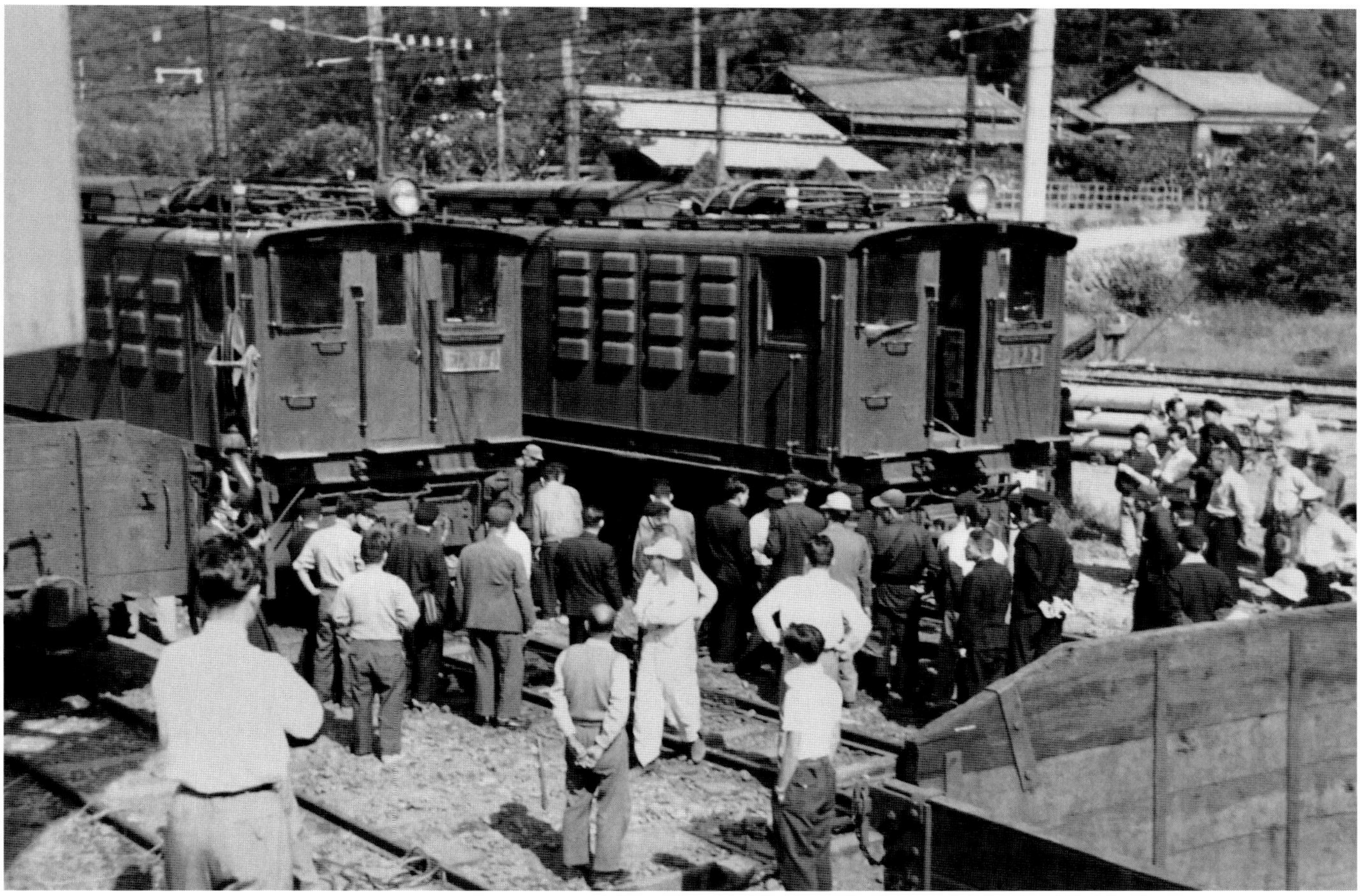

身延駅の事故　同駅で起きた事故に多くの人が集まり、注視している。身延線の拠点駅である同駅には乗降客も非常に多い。〈南巨摩郡身延町角打・昭和30年代・提供＝千頭和ひろ美氏〉

ボンネットバスが走っていた頃
土煙を上げるボンネットバスを見送っている男の子の手には、昭和33年に大流行するフラフープ。長坂町から高根町へ続く道路である。ボンネットバスは山間部の運行に適していたという。〈北杜市長坂町・昭和32年頃・提供＝佐藤陸夫氏〉

珍しかった外車　道路にはフォルクスワーゲンビートルが駐車中。当時、輸入車はかなり注目を集めたであろう。ビートルは「カブトムシ」の名の通り愛嬌のある外見で、大人にも子どもにも親しまれ、長く愛された名車である。〈南巨摩郡富士川町青柳町・昭和43年・提供＝長澤英貴氏〉

ガソリンスタンドにて　モータリゼーションの進展とともに、ガソリンスタンドも増加していった。写真の店舗はアメリカの石油会社であるソコニー・モービル・オイルの契約店だったようだ。〈韮崎市本町・昭和35年・提供＝岩下英樹氏〉

齊藤テレビラジオ商会の社用車　写真は昭和28年発売のダットサントラック6147型である。最大積載量は600キロ、4気筒エンジンを搭載したパワフルな走りで、家電も安定して輸送することができた。〈南アルプス市沢登・昭和30年代・提供＝斉藤忠彦氏〉

高度成長でバイクも人気
看板に見える「メグロ号」は、戦中戦後に生産していたオートバイメーカー・目黒製作所の製作した名車である。「ポップ」は名古屋の平野製作所のスクーターで、手軽さから「走る椅子」と謳われた。〈甲斐市中下条・昭和32年頃・提供＝瀧口桂子氏〉

ダイハツ・ミゼット　ミゼットDSAを旧長坂小学校のグラウンドで撮影。会社の製品輸送用などに多く使われた、オート三輪の先駆けである。〈北杜市長坂町長坂上条・昭和35年・提供＝佐藤陸夫氏〉

三菱360ピックアップと　三菱360は新三菱重工業が昭和36年に発売。三菱360ピックアップは、三菱360が文字通り屋根のないピックアップトラックのボディとなった商用の軽自動車である。〈南アルプス市下市之瀬・昭和41年・提供＝杉山哲夫氏〉

初めてのマイカー　写真の日産サニーは、写真提供者が初めて購入した車だという。昭和30年に国が「国民車構想」などで自動車普及を推奨し、マイカーは同35年頃から全国に普及していく。40年代には多くの家庭で購入された。〈南アルプス市下市之瀬・昭和45年・提供＝杉山哲夫氏〉

タクシーの運転手　周辺には西山温泉があり、観光客や湯治客を多く運んでいた。〈南巨摩郡早川町・昭和30年代初め・提供＝望月希代美氏〉

小さな高級車と幼子と　親戚が横浜から乗って来たマツダ・キャロルをバックに。キャロルは「小さな高級車」ともいわれ、スバル360とともに初期軽自動車ブームの牽引役を務めた。〈南巨摩郡富士川町鰍沢・昭和39年・提供＝樋口和仁氏〉

横手バス停　県道612号と614号の交点にあり、韮崎方面への始発地点だった。ボンネットバスの脇には車掌。近くに鉄道駅がなく、交通の便を支えている。〈北杜市白州町横手・昭和30年代前半・提供＝道村順一氏〉

奈良田集落を行くボンネットバス　早川町の最奥に位置する奈良田。かつては集落の中央が道路で、車やバスが行き来した。集落は西山ダムの建設と伊勢湾台風により昭和35年以降は高台へ移転し、道路はダム湖岸を走っている。〈南巨摩郡早川町奈良田・昭和30年代・提供＝古民家カフェ鍵屋〉

桃林橋とアメ車　笛吹川に架かる橋を渡る車上からの眺め。フロントガラスの向こうには派手なテールフィンをつけたアメリカ車が見える。桃林橋は現在では架け替えられている。〈中央市大田和・昭和34年・提供＝土橋永氏〉

下部温泉へ行く路線バス　下部温泉へは昭和4年から下部温泉自動車が下部駅からのバス路線を運行していた。同社は戦時統合で同20年に山梨交通となる。神泉橋を渡り下部駅へ向かう路線は戦時中に運行中止となっていたが、24年に復活し、温泉客たちを運んだ。〈南巨摩郡身延町下部・昭和33年頃・提供＝下部温泉郷〉

トラックの滑落事故　波木井川に架かる波木井橋の橋詰でトラックが事故を起こした。当時は高度経済成長期で、まだ整備されていない道路を大型トラックが行き来することも多かった。〈南巨摩郡身延町梅平・昭和30年代前半・提供＝千頭和ひろ美氏〉

ボンネットバスが停まる案内所　写真は身延駅にあった山梨交通の案内所である。ここからバスが各地へ出発していった。〈南巨摩郡身延町角打・昭和30年代半ば・提供＝千頭和ひろ美氏〉

女性とスクーター　宮澤商店の店先で、割烹着姿で子どもも一緒に。当時、ラビットやシルバーピジョン、ジュノオといった女性も手軽に乗れるスクーターが発売されていた。名作映画「ローマの休日」で、オードリー・ヘプバーンがベスパで走る姿も有名である。〈北杜市小淵沢町・昭和33年頃・提供＝宮澤書店〉

憧れのスクーター　親戚が所有するスクーターにまたがらせてもらい、嬉しそうなのは韮崎高校の男子生徒。若者にも人気の高い乗り物であった。写真はラビットスクーター。昭和20～30年代にかけ、シルバーピジョンとともにスクーターブームを起こした。〈北杜市長坂町・昭和35年頃・提供＝佐藤陸夫氏〉

モデル撮影会　「長坂湖」の通称で地域に親しまれる憩いのスポット、長坂牛池で行われた。写真のオートバイに見える「トーハツ号」は、東京発動機のブランド。同社は昭和30年にはオートバイの生産台数でトップにもなった名バイクメーカーであった。〈北杜市長坂町長坂上条・昭和32年・提供＝佐藤陸夫氏〉

ツーリングに夢中　青坂ループの辺りか、道路は未舗装だがいかにも気持ちよさそうである。当時はヘルメットなしで走行できた。〈韮崎市青坂・昭和30年代半ば・提供＝輿水章子氏〉

自慢のメグロ製オートバイ　赤子を抱いて誇らしげにオートバイにまたがる父親。目黒製作所は戦前から戦後まで生産していた伝説のオートバイメーカー。通称「メグロ」のオートバイは、現在に至るも多くのライダーから高く評価されている。〈甲斐市中下条・昭和32年頃・提供＝瀧口桂子氏〉

自転車の練習　秋田小学校の校庭で、借りた自転車で練習中。自転車は当時主流であったロッドブレーキである。ブレーキとして最初期型の仕様で、丈夫なため運搬等の業務用などに長く使われた。〈北杜市長坂町長坂上条・昭和32年・提供＝佐藤陸夫氏〉

大きな自転車　補助輪を取り付けてはいるが、まだちょっと大きそうだ。写真のロッドブレーキを使う自転車は、平成20年にブリヂストンが製造中止して以降、現在ではほぼ見られなくなった。写真提供者の母が経営していた美容室の前で。〈南アルプス市小笠原・昭和30年代前半・提供＝石川惠子氏〉

サイクリング車　昭和40年代に流行り始めたサイクリング車。セミドロップハンドル、ダブルライト、前後ギア付で10段以上の変速などで、人気を博した。〈南巨摩郡富士川町最勝寺・昭和43年頃・提供＝長澤英貴氏〉

高川橋竣工記念　昭和26年12月、小泉村の小荒間を流れる高川に高川橋が架けられた。宮司を先頭に記念撮影。現在は架け替えられている。〈北杜市長坂町小荒間・昭和26年・提供＝清水太一氏〉

大岩橋の渡り初め　久那土村を流れる三沢川に架かる大岩橋が竣工。神主や村の重鎮が打ち揃い、記念の一枚が撮られた。写真の添え書きには「大岩橋竣工記念 昭和廿一年五月」とある。〈南巨摩郡身延町車田・昭和21年・提供＝日向久子氏〉

富士川に架かる身延橋　初代身延橋の姿である。富士身延鉄道により大正12年に架橋された当時は、吊り橋として東洋一の規模ともいわれ、山梨県最初の有料橋であった。昭和16年に無料化され、同47年には現在のトラス橋が完成した。〈南巨摩郡身延町角打・昭和30年頃・提供＝伊藤公也氏〉

吊り橋を行く花嫁道中　昭和橋を渡って嫁いでいく。当時は付き添いとともに花嫁が婚家まで歩いていったものであった。〈南巨摩郡身延町・昭和36年頃・提供＝小林只典氏〉

10

民俗行事と祭り

伝統ある祭りや行事は、本書収録の各地域にも受け継がれ、暮らしに潤いや活力をもたらしてきた。多くの人が四季を彩る祭礼を心待ちにし、あるいは来たるべき日に向けて準備を重ねる。笛や太鼓の音は夜まで響く。やがて当日を迎えるにあたって神社の参道には屋台が並び、法被姿の大人と子どもが溢れる町内は、熱気と賑わいに包まれる。

本章の収録写真を拾ってみると、北杜市・建岡神社での浦安の舞、明治に始まった開拓神社の秋祭り。韮崎市では勝手神社の秋祭り。南アルプス市では、上今井・若宮八幡神社の秋祭り。甲斐市では宇津谷の回看塚の故事に因んだ神輿の渡御。市川三郷では「暴れ神輿」とも呼ばれる須佐之男神社の祇園祭――などなどで、こうした伝統的な神事のほかに、盆踊り、稚児行列、仏教寺院の記念行事、式典、ほか民俗行事も加えて掲載した。

このような祭り、伝統行事の撮影は、今回取材した写真提供者の方たちのアルバムの中でも大きなウエイトを占めていた。それだけ、ふるさとの思い出として、人びとの記憶に深く根づいているということであろう。

ただ近年は、祭りの姿にも変化が見られる。公共機関や商店街が主催する各種の「祭り」が、イベント、商業祭、フェスティバルの名で開催されるようになった。さらに市民団体、学校や企業が主催するものを含めれば、私たちは年間を通じ、実に多種多彩なハレ（非日常）の日を享受していることになる。

「不易流行」という芭蕉の言葉があるが、祭りや伝統行事そのものの在り方も、変わらない本質的なものを残そうという動きと、一方でそこに技術や流行という新しさを取り入れて時代とともに変容しいく動きがある。

いずれにしても祭りとは、地域コミュニティーの方向性、役割が見直しを迫られている現代において、人と人とをつなぐ貴重な場であるはずだ。

長坂町の祭り　武士の格好をした少年が馬に乗り、町内を練り歩いている。
〈北杜市長坂町・昭和31年頃・提供＝佐藤陸夫氏〉

開拓神社の秋祭り　日野春村の日野原と称される原野だった場所が、明治期に切り拓かれ、事業に力を尽くした山梨県参事・富岡敬明の名から大字は「富岡」と名付けられた。開拓神社は事業終了の明治23年に創建。写真は同神社の秋祭りで、富岡青年団の面々が神輿の前で記念撮影。〈北杜市長坂町富岡・昭和20年代・提供＝山本政博氏〉

菅原村の祭り　菅原小学校で開催されたもので、校庭には寛延３年（1750）創業の老舗酒造である山梨銘醸の日本酒「七賢」の仮装行列が登場。凝った作り物に子どもたちも興味津々で眺めている。〈北杜市白州町白須・昭和22年・提供＝山梨銘醸株式会社〉

長坂の商店街のお祭り　万国旗が張られた商店街を祭りの神輿が賑々しく練り歩いている。この場所は旧日野春村の中心地で、各公共施設も周辺に集積していた。〈北杜市長坂町長坂上条・昭和28年頃・提供＝佐藤陸夫氏〉

諏訪神社石鳥居建立記念　大井ケ森にある諏訪神社で、奥に社殿が見える。中世に創建されたと伝わり、祭神は建御名方命。昭和31年8月12日に撮影された。〈北杜市長坂町大井ケ森・昭和31年・提供＝清水太一氏〉

建岡神社で浦安の舞　大八田の建岡神社で少女たちが浦安の舞を奉納した。この日のために何度も夜の公民館に集まって練習したという。当日の着付けはご近所衆が手伝った。〈北杜市長坂町大八田・昭和31年・提供＝佐藤陸夫氏〉

勝手神社の秋祭り①　10月10日、家々を回る子供神輿が写る。岩下の旧家・腰巻家（勝手神社の神職の家系）の前で撮影された。当時は祭りに露店も並び賑やかだったが、今は注連縄《しめなわ》が飾られるだけになったという。〈韮崎市岩下・昭和27年頃・提供＝藤原孝行氏〉

勝手神社の秋祭り②　境内の土俵で奉納相撲大会が開催された。〈韮崎市岩下・昭和27年頃・提供＝藤原孝行氏〉

勝手神社神域整備完成記念　同神社は、応和元年（961）に大和国吉野山から勧請された岩下の鎮守。本殿の祭神は天忍穂耳命。境内の整備完了を祝い、石碑を建立した記念に撮影された。〈韮崎市岩下・昭和44年・提供＝岩下幸夫氏〉

願成寺の阿弥陀三尊像保存庫竣工記念　願成寺は玉亀２年 (771) の開創で、甲斐武田氏の祖である武田信義公の菩提寺である。旧本尊の阿弥陀三尊像は昭和14年に国の重要文化財に指定されている。写真はその保存庫が落成した時の記念写真で、稚児行列も行われた。〈韮崎市神山町鍋山・昭和36年・提供＝輿水章子氏〉

駒沢の子ども神輿　宇津谷の駒沢には大正末期に建てられた回看塚（みかえり塚）の石碑がある。織田軍に攻められた武田勝頼が新府城に火をかけて逃げる際、勝頼夫人が城を振り返って詠んだという歌も伝わる。駒沢では「おしんぷさん」（藤武神社の祭り）に合わせて、毎年4月20日に子ども神輿を出して祭りを行っている。近年は子どもが減って区の祭りとなり、大人が神輿を担ぐという。〈甲斐市宇津谷・平成7年・提供＝柳本胖氏〉

長谷寺の春祭の稚児　真言宗八田山長谷寺は「原七郷の守り観音」として近在住民の信仰を得ている古刹。春の例祭は毎年3月18日に行われ、稚児行列が町を練り歩く。撮影当時は御影村だった。〈南アルプス市榎原・昭和23年頃・提供＝志村喜仁氏〉

若宮八幡神社秋祭記念　上今井にある若宮八幡神社の例大祭の記念写真。当時は豊村で、昭和35年に櫛形町となる。〈南アルプス市上今井・昭和27年・提供＝岩間ひとみ氏〉

寶泉院での晋山結制式①　先代の晋山式のようす。晋山結制式とは新住職の就任式のことである。〈南アルプス市吉田・昭和28年・提供＝寶泉院〉

寶泉院での晋山結制式②　檀信徒が多数集まる中、晋山式が進められていく。〈南アルプス市吉田・昭和28年・提供＝寶泉院〉

昌福寺御会式の稚児出仕記念　御会式《おえしき》とは日蓮聖人の命日である10月13日前後に行われる法要。この年の11月23日の撮影で、御会式に参加した稚児たちと母親が写る。昌福寺は、永仁６年(1298)開創の古刹。〈南巨摩郡富士川町青柳町・昭和30年・提供＝深澤純氏〉

鰍沢の八幡神社例大祭　鰍沢町の鎮守である八幡神社では、4月15日に春の例大祭が行われる。同神社氏子の子どもたちも、子ども用の法被《はっぴ》を着て参加した。〈南巨摩郡富士川町鰍沢・昭和40年・提供＝樋口和仁氏〉

昌福寺御会式の稚児行列　稚児行列で町を練り歩くようす。母親と手を繋ぎ、列を乱さないように前へと進む。〈南巨摩郡富士川町青柳町・昭和43年頃・提供＝長澤英貴氏〉

下部駅前で盆踊り大会　交友団主催で下部駅（現下部温泉駅）前の広場で盆踊り大会が開かれた。地元の人以外にも近在住民や観光客も参加し、大賑わいだったという。〈南巨摩郡身延町常葉・昭和28年頃・提供＝下部温泉郷〉

熊野神社春の例大祭①　承和3年(836)創建と伝わる熊野神社の春の例大祭に、稚児行列と仮装行列が出た。終戦後すぐの祭りにもかかわらず、人びとは思い思いの仮装ができる喜びにあふれている。〈南巨摩郡身延町下部・昭和21年頃・提供＝下部温泉郷〉

熊野神社例春の例大祭②　町会対抗仮装行列の記念写真。この時は景品が出たため仮装にも気合が入り、沿道の見物客は大いに沸いたという。右端は桃太郎の家来である猿、キジ、犬。その左隣の着物に下駄、大きな学帽姿はテレビアニメ「フクちゃん」の仮装だろうか。〈南巨摩郡身延町下部・昭和30年代・提供＝下部温泉郷〉

第１回信玄まつり　武田信玄公のかくし湯として有名な下部温泉で開催された。第１回時は信玄公が乗る馬がなく、戸板に乗せて練り歩いた。この祭りは後に「信玄公かくし湯まつり」として発展していった。〈南巨摩郡身延町下部・昭和41年・提供＝下部温泉郷〉

久遠寺で日蓮聖人立教開宗七百年祭　日蓮宗総本山である久遠寺で、立教開宗七百年祭が盛大に開催され、同寺でも多数の行事が執り行われた。〈南巨摩郡身延町身延・昭和27年・提供＝笠井知幸氏〉

子神社の秋祭り　毎年10月19日に行われる秋祭りで、纏《まとい》振りが披露されている。子神社は永正２年(1505)の創建で祭神は大国主命。大正９年、神社の隣に身延駅が開設されたため、写真左に駅待合室が写る。平成９年の身延駅前整備事業により社殿が移設される。〈南巨摩郡身延町角打・昭和40年頃・提供＝千頭和ひろ美氏〉

久遠寺の門前町の七夕　門前商店街は、久遠寺の三門から続く細い参道に形成された。七夕の時季には商店街にたくさんの竹や七夕飾りが付けられ、近隣住民や久遠寺への参拝客も集まり、賑やかであった。写真は８月７日の撮影。〈南巨摩郡身延町身延・昭和30年頃・提供＝伊藤公也氏〉

流し松明《たいまつ》　毎年８月16日に行われている盆行事。南部町井出地区で１年間に亡くなった人の卒塔婆を松明船に乗せ、富士川をゆっくり流し、供養をする。炎の下に卒塔婆が立つ。〈南巨摩郡南部町井出・昭和31年・提供＝佐野辰巳氏〉

弘圓寺のお稚児さん　11月３日、旧富河村福士の町屋集落にある日蓮宗弘圓寺の祭礼でのお稚児さんたち。その数に驚く。富河村は昭和30年に万沢村と合併して富沢町となる。〈南巨摩郡南部町福士・昭和28年・提供＝望月まさ子氏〉

お萬の方像の建立　女人禁制であった七面山に、徳川家康の側室・お萬の方が羽衣白糸の滝で身を清め登詣を果たした。それにより女人禁制が解かれ、七面大明神を崇める登詣者も増加。そうしたお萬の方の法勲を永く称えるため、滝の傍らに銅像が建立された。〈南巨摩郡早川町赤沢・昭和25年・提供＝古民家カフェ鍵屋〉

三社祭　駿州往還（河内路）の宿駅があり、江戸時代には代官所が置かれた市川は周辺に寺社が多く、一年を通して多くの祭礼があるため「市川百祭」と呼ばれる。写真は、市川郷村三社御幸祭で、弓削神社、八幡神社、八處女神社の神輿が町内を巡る。〈西八代郡市川三郷町市川大門・昭和45年・提供＝土橋永氏〉

須佐之男神社の祇園祭①　市川大門の須佐之男神社で7月15日に行われる。前夜から六丁目一帯の若衆が神輿を担ぎ、練り回す。戦前はその勇壮さから「暴れ神輿」とも言われたという。〈西八代郡市川三郷町市川大門・昭和45年・提供＝土橋永氏〉

須佐之男神社の祇園祭②　祇園祭に参加した氏子たちの記念写真。瓜（キュウリ）を供え、無病息災を祈願することが恒例となっている。〈西八代郡市川三郷町市川大門・昭和29年・提供＝土橋永氏〉

11 戦後の教育

昭和二十年八月十五日、日本は無条件降伏を受け入れ、長い戦争の時代が終わった。歴史上初めて主権を失った。GHQの管理下におかれ、民主化改革が矢継ぎ早に実施された。現在の日本国憲法が制定され、教育基本法や学校教育法が公布・施行された。教育は「人格の完成」を目的とし、「平和で民主的な国家及び社会の形成者」の育成を担うことになる。愛国心と軍国主義の教育は一掃され、男女共学・九年間の義務教育、六・三・三・四制の、今の学校制度がスタートした。

国民学校は再び小学校となり、それまでの高等科（二年制）を一年延長する形で新制中学が発足した。生徒数が大幅に増えたものの、専用の校舎はなく、新しい校舎ができるまで小学校の教室を借りての授業が続いた。旧制の中学は高等学校と名称を変えた。身延、韮崎の中学校は身延高校、韮崎高校、巨摩高等女学校は巨摩高校、市川実科高女は市川高校となった。身延実科や韮崎実科は第二身延、第二韮崎高校と名を改め、その後に身延、韮崎高校と統合して男女共学校となった。峡南農工学校は峡南農工高校を経て峡南高校に、峡北農学校は峡北農業高校となり、また農林学校は現在の地に移り、戦後の復興を支える人材を育てた。

激しいインフレに見舞われ、暮らし向きは楽ではなかった。加えて、戦地や外地（満州、台湾、朝鮮など）から多くの人が帰郷し、食糧不足に拍車をかけた。しかし、「死」から解放され、「希望」や「未来」を語り合う喜びは、なにものにも代えがたかった。教室で学ぶ子どもたちの元気な声や姿は、敗戦で消沈した日本社会を大いに励ました。

高度経済成長が始まる昭和三十年以降、ベビーブームや高校進学率の高まりで、各種の学校（小中高）の新設が相次いだ。ベビーブームの時期、毎年二五〇万人を超える新生児が誕生した。実に今日の三倍以上である。彼らが就学期を迎える昭和三十年代、とにかく教室の中は賑やかであった。昭和が終わる（一九八九年）頃まで、小学校や中学校は歩いて通える所にあった。学校は子どもたちにとって大切な遊びの場であり、地域の文化施設の中心としての役割をもった。親と子の世代が同じ校舎に通い、また文化行事で集うことが当たり前の、懐かしい時代があったのである。

日野春小学校に入学　多くの児童が入学している。時代とともに少子化の波が押し寄せ、平成25年に同校始め4校が統合され現在の長坂小学校となる。〈北杜市長坂町長坂下条・昭和26年・提供＝山本政博氏〉

秋田小学校　創立35周年記念の写真である。背後の校舎は大正時代に建てられた。平成25年に日野春小学校、長坂小学校、小泉小学校と統合して新たな長坂小学校となり、閉校となる。〈北杜市長坂町大八田・昭和28年・内田則子氏〉

秋田小学校の空撮　児童たちが校庭で人文字を描いている。校舎は木造だが洒落た意匠の建物であった。〈北杜市長坂町大八田・昭和32年頃・提供＝佐藤陸夫氏〉

秋田小学校の運動会にて　写真は甲陽第一保育園の園児が小学校の運動会に参加し、お遊戯を披露しているところ。〈北杜市長坂町大八田・昭和35年・提供＝佐藤陸夫氏〉

小学校の運動会でお遊戯　若神子小学校の運動会に参加した園児たち。寺院が運営する保育園では、当時は小学校のグラウンドで運動会などを催すこともあった。〈北杜市須玉町・昭和30年頃・提供＝伊藤隆一氏〉

長坂小学校　入学記念写真だが、制服の子、私服の子と様々。同校はこの後、平成25年に統合し、新たな長坂小学校として開校する。〈北杜市長坂町・昭和35年・個人蔵〉

長坂中学校　少女の背景に見えるのは講堂である。昭和41年に峡北中学校と統合し、二代目の長坂中学校となる。〈北杜市長坂町・昭和33年・提供＝佐藤陸夫氏〉

小泉小学校　写真は体育館竣工及び校章制定前の時期。統合により平成25年に閉校するも、跡地に校舎を利用した八ヶ岳文化村となっている。〈北杜市長坂町・昭和30年代・提供＝清水太一氏〉

白州中学校　昭和29年に菅原村・鳳来村・駒城村三ヶ村組合立白洲中学校が設置され、翌30年の町政施行で白州町が誕生、町立白州中学校として創立された。令和6年度に創立70周年を迎えている。〈北杜市白州町白須・昭和30年代後半・提供＝道村順一氏〉

長坂高校　校舎の正面玄関である。同校は昭和32年に山梨学院短期大学附属高校の長坂分校として設置認可され、後に公立へ移管され長坂高校となった。同47年からは現校名である甲陵高校に改称している。〈北杜市長坂町長坂・昭和37年・提供＝甲陵高校〉

菅原小学校の学芸会　ステージ上では「月のうさぎ」が演じられている。昭和52年、駒城小学校、鳳来小学校との統合により白州小学校が開校し、同校は閉校となる 。〈北杜市白州町白須・昭和30年・提供＝大久保厚子氏〉

穴山小学校　昭和18年に新築された木造校舎が写る。この後、給食室や体育館が建設され学校施設が整備されていく。同校は明治6年に穴山学校として創立。昭和36年の児童数は269人だった。平成2年に藤井小学校、中田小学校と統合され、韮崎北東小学校となった。同校の跡地には公民館などが建っている。〈韮崎市穴山町・昭和30年代前半・提供＝宮沢敏明氏〉

新府中学校　昭和26年に穴山村と中田村の組合立中学校として創立、同29年に韮崎市発足に伴い韮崎市立となる。36年に、藤井中学・穂坂中学と合併して新しく韮崎東中学校が開校。同校は廃校となったが、新校舎が完成されるまでは各中学校に分かれて授業を行っていた。写真は韮崎東中学校新府教場時代に撮影されたもの。現在学校跡地にはソーラーパネルが設置されている。〈韮崎市中田町・昭和37年頃・提供＝宮沢敏明氏〉

釜無川沿いにあった韮崎中学校　写真の校舎は、翌年の伊勢湾台風で被害を受ける前の姿である。昭和41年に甘利中学校と統合されて閉校し、跡地は韮崎市役所になっている。〈韮崎市水神・昭和33年・提供＝輿水章子氏〉

韮崎高校　旧制韮崎中学校と韮崎実科高等女学校（韮崎高等女学校）が、戦後の学制改革でそれぞれ韮崎第一高校と韮崎第二高校と改称。昭和25年、高校再編により両校が統合し、男女共学の韮崎高校となった〈韮崎市若宮・昭和26年・提供＝穴水操氏〉

韮崎高校の仲間たちと　塩川の河原で、韮崎高校に通っていた岩下地区の友人たちとの記念写真。背後に写る橋は更科橋。〈韮崎市岩下・昭和26年頃・提供＝藤原孝行氏〉

韮崎高校空撮　南西方向から北東方向へ向かって撮影している。当時、学校の周りは田んぼに囲まれていた。〈韮崎市若宮・昭和30年頃・提供＝岩下英樹氏〉

玉幡小学校全景　明治36年創立。昭和31年から竜王町立となる。写真はまだ木造校舎だった頃で、校舎の左端は同42年に完成したばかりの屋内体育館、校庭の下は39年に建設されたプールである。児童の増加と校舎の老朽化により、この後の46年に鉄筋コンクリート造りの校舎が新築されることとなる。〈甲斐市西八幡・昭和40年代前半・提供＝三井千亜紀氏〉

玉幡小学校の給食時間　昭和36年に給食室が完成し、学校給食が始まった。この頃はアルマイト製の食器を使い、コッペパン、脱脂粉乳、汁物が主に提供されていた。〈甲斐市西八幡・昭和40年頃・提供＝三井千亜紀氏〉

県立農林高校　明治37年に当時の竜王村赤坂に開校。2度の移転を経て、現在に至る。山梨県唯一の農業専門高校である。全国有数の広い校地には、庭園など豊かな自然の中に様々な施設が建つ。写真の、フランス式庭園から本館校舎屋上にそびえる鐘楼を望む景観は、同校の誇りといわれる。〈甲斐市西八幡・平成16年・提供＝農林高校〉

小笠原小学校①　明治6年の創立。同校は元々小笠原西畑にあったが、大正14年に現在地に新築校舎を建設して移転した。写真の木造校舎はその時からのものである。〈南アルプス市小笠原・昭和30年代半ば・提供＝石川恵子氏〉

小笠原小学校②　同校は昭和24年11月から同34年8月まで小笠原第一小学校に校名変更されていた。写真は昭和33年度の「小笠原第一小学校」卒業記念写真である。同年度の全児童数は815人だった。〈南アルプス市小笠原・昭和34年・提供＝近藤久氏〉

小笠原小学校③　昭和39年9月に鉄筋造3階建て、16教室を有する新校舎が完成した。写真は新校舎落成を記念する人文字だろうか。〈南アルプス市小笠原・昭和39年・提供＝近藤久氏〉

三村小学校①　明治10年の創立。昭和22年に三村小学校となり、同30年の三町村と稲積村の合併により玉穂村立となった。写真は入学記念に撮影されたもので、背後の校舎は同33年の竣工。以後、34年にプール、36年に給食室が完成し、施設の充実が図られた。〈中央市成島・昭和39年・提供＝笠井知幸氏〉

三村小学校②　校庭に友だちと自転車で集合した時に撮影。中には大人用の自転車にまたがっている児童もいる。子どもにとって自転車は行動範囲を広げてくれる相棒のようなものだった。〈中央市成島・昭和41年・提供＝笠井知幸氏〉

田富小学校①　明治12年に小井川村・花輪村・忍村の組合立として創立。写真の2年後の昭和33年には創立80周年記念式典が挙行されている。新入生たちの背後に写る木造校舎は、同51年に鉄筋造校舎に建て替えられるまで使用されていた。〈中央市布施・昭和31年・提供＝内藤寿津子氏〉

田富小学校②　学芸会が終了した後に撮影された3年生の記念写真。2月に行われたため皆少し寒そうだが、緊張がほぐれたのか笑みが浮かぶ。児童たちの背後に二宮金次郎の像が写る。〈中央市布施・昭和33年・提供＝土屋正邦氏〉

下小路子供クラブ　桃園の下西地域の子どもたちが所属し、小学校1年生から中学校3年生までの児童・生徒たちで構成されていた。撮影場所は桃園の蓮経寺である。〈南アルプス市桃園・昭和33年・提供＝加藤庄八氏〉

豊村立子安保育園　昭和23年に寶泉院内に開園した。写真は第1回修了記念写真で、初めての卒園児たちである。同28年に村立の保育園が新設されたため、同園は廃園となった。〈南アルプス市吉田・昭和24年・提供＝寶泉院〉

小笠原第二小学校　明治6年の創立、同25年に桃園小学校となる。昭和24年に小笠原第二小学校と改称。写真は同27年度の卒業生たちで、当時の校長は写真提供者の父親であった。同校は29年、小笠原町、榊村、野之瀬村の合併により櫛形町立となり、33年に榊小学校と統合されて櫛形北小学校となった。〈南アルプス市小笠原・昭和28年・提供＝志村喜仁氏〉

八田小学校　明治41年創立。当時は白根町上八田に校地があった。木造校舎の前にはおびただしい数の卒業生たちが並んでいる。昭和38年度の卒業生は172人、全校児童数は814人にも及んだ。この翌年から鉄筋造校舎の建築が始まり、翌41年に3階建て校舎が落成している。〈南アルプス市上八田・昭和39年・提供＝志村喜仁氏〉

藤田小学校の運動会　校庭で低学年の児童たちがダンスをしている。同校は明治5年に藤田寺を仮校舎として開校した藤田学校を嚆矢とする。昭和46年に三恵小学校、鏡中条小学校と統合され、若草小学校が開校。若草小学校藤田分教場となり同48年に廃校となった。〈南アルプス市藤田・昭和30年頃・個人蔵〉

櫛形中学校の空撮　昭和31年、小笠原中、榊中、峡西中が統合して新たな櫛形中学校が発足した。新校舎は現在地である旧小笠原町藤塚の広大な土地に建設され、翌32年10月に完成した。この空撮写真は、自衛隊の飛行機から撮影されたものだという。〈南アルプス市小笠原・昭和34年・提供＝近藤久氏〉

巨摩中学校の運動会　同校は昭和26年に飯野中学と西野中学が統合し、巨摩町、西野村、今諏訪村の組合立中学校として創立した。体操する生徒たちの背後は木造校舎で、普通教室のほか特別教室などすべての設備が完成して同31年に校舎落成式が挙行されている。同校は52年に白根町立白根巨摩中学校と改称。平成15年には南アルプス市立となっている。〈南アルプス市飯野・昭和30年代後半・提供＝折居保夫氏〉

巨摩高校　大正11年に県立第三高等女学校として創立し、同13年に巨摩高等女学校と改称。戦後は学制改革により巨摩高校となった。写真は入学記念写真だが、同25年から男女共学となるためまだ女子生徒しかいない。〈南アルプス市小笠原・昭和23年頃・提供＝樋口和仁氏〉

小笠原幼稚園　12月に開催されたお遊戯会の最後にサンタクロースが登場した。サンタの突然の訪問に園児たちは興味津々のようすである。同園は中巨摩郡初の保育施設。昭和13年に源然寺内に創設され、同26年に町営の保育園に移管、38年に学校法人小笠原幼稚園となっている。〈南アルプス市小笠原・昭和30年代前半・提供＝石川恵子氏〉

田富中学校空撮　昭和22年に開校。当初は田富小学校の校舎を間借りして授業を行なっていたが、翌23年の年末に新校舎が完成した。同31年に運動場、32年にプール、35年に体育館と次々に新しい学校施設が竣工。写真の木造校舎は、この後の46年に鉄筋造りの校舎に建て替えられる。〈中央市布施・昭和38年・提供＝土屋正邦氏〉

豊富村立豊富中学校 庭園「抱《ほう》志池《しのいけ》」で校長と教職員が写る。同校は昭和40年、中道町と豊富村の組合立笛南中学校が開校して廃校となった。〈中央市・昭和37年・提供＝土屋正邦氏〉

峡中中学校での玉穂村民運動会 近隣の保育園児たちが校舎の前で応援している。同校は甲府市と玉穂村の組合立中学校で、昭和49年に甲府市立山城中学校と統合して新たな組合立城南中学校が開校し、廃校となった。跡地には同52年に三村小学校の新校舎が建設され、現在に至る。〈中央市成島・昭和38年・提供＝笠井知幸氏〉

増穂保育園 第10回入園記念の写真だが、園児たちの何と多いことだろう。同園は私立だったが、昭和36年に町立に移管して増穂第一保育所となった。〈南巨摩郡富士川町天神中條・昭和32年・提供＝長澤英貴氏〉

鰍沢立正幼稚園の運動会　日の丸ばかりの旗がはためく下で、園児たちが走っているところを捉えた一枚。競技はパン食い競走だろうか。〈南巨摩郡富士川町鰍沢・昭和42年・提供＝樋口和仁氏〉

増穂小学校　明治21年の創立。戦前から児童数が多く、昭和30年の全校児童数は1,726人、学級数は42クラスだった。入学記念写真だが、右後方には次の撮影を待つ児童たちが列をなして待っているのが見える。〈南巨摩郡富士川町最勝寺・昭和29年・提供＝樋口和仁氏〉

増穂小学校の給食室　同校の給食に対する取り組みは早く、昭和34年に給食室を設置、栄養士と多数の調理員を雇用して同37年には週5日の完全給食を行っていた。授業中にいい匂いが教室に漂ってきて、お昼の給食を児童たちは心待ちにしていたという。〈南巨摩郡富士川町最勝寺・昭和40年頃・提供＝長澤英貴氏〉

増穂小学校の運動会①　児童数が多い同校の運動会は、さぞや多くの観客が訪れたことだろう。背後に木造校舎が写るが、左は昭和９年に建設された二号館で、体育館と三号館と共に同47年の火災で焼失した。〈南巨摩郡富士川町最勝寺・昭和34年頃・提供＝長澤英貴氏〉

増穂小学校の運動会②　6年生が組体操を披露しているようす。〈南巨摩郡富士川町最勝寺・昭和45年・提供＝長澤英貴氏〉

鰍沢小学校遠景　明治6年の創立。昭和34年に現在地へ移転した。右端に見えるのは経王寺。〈南巨摩郡富士川町鰍沢・昭和30年代・提供＝新津要氏〉

帯金小学校　明治6年の開校。戦後の学制改革により帯金小学校となる。写真はその翌年の撮影で、二宮金次郎像の前で、草履ばきの写真提供者を含めた5年生たちがかしこまって写る。同校は昭和47年に大和小学校と合併して大河内小学校となり、翌48年に身延東小学校帯金教場となった後、廃校となった〈南巨摩郡身延町帯金・昭和23年頃・提供＝鮎川智典氏〉

旧身延小学校　明治6年に開校し、同30年に高等科が設置されて身延尋常高等小学校となった。写真は提供者の姉のクラスで、当時は30人ごとに4学級あったという。背後の校舎は、昭和25年に建設された木造校舎で、第一校舎と第二校舎があった。平成30年に大河内小学校との統合で閉校、新たな身延小学校が開校した。〈南巨摩郡身延町梅平・昭和31年・提供＝千頭和ひろ美氏〉

久那土小学校　明治6年の創立で、同32年に久那土尋常高等小学校となった。写真はまだ木造校舎の頃で、秋晴れの下、秋季運動会が開催されている。平成29年、身延町の小中学校統合計画により西島小学校と統合して身延清稜小学校が発足し閉校となった。〈南巨摩郡身延町三澤・昭和45年・提供＝日向久子氏〉

豊岡小学校卒業記念　明治8年に豊岡学校として創立、同22年に豊岡尋常小学校となった。卒業生たちの後ろに写る校舎は、昭和30年に落成した新校舎。同54年に身延南小学校に改称したが、平成19年に再び豊岡小学校に校名を戻している。同22年に身延小学校と統合し、閉校となっている。〈南巨摩郡身延町相又・昭和35年・提供＝千頭和ひろ美氏〉

大河内中学校①　昭和22年の開校当初は、帯金小学校と大和小学校の校舎の一部を間借りして授業を行っていた。写真は同26年３月の卒業写真で、背後の校舎が完成するのは同年7月のことである。同45年、身延町の中学校再編成により他2校と統合して身延中学校が誕生し、閉校となった。〈南巨摩郡身延町丸滝・昭和26年・提供＝鮎川智典氏〉

大河内中学校②　運動会の日、校旗を掲げた生徒たちが入場行進をしているようす。〈南巨摩郡身延町丸滝・昭和35年・提供＝伊藤公也氏〉

峡南農工高校富里分校の学園祭　峡南農工高校は大正12年に峡南農工学校として開校。戦後の学制改革で昭和23年に峡南農工高校となり、同32年に峡南高校と改称した。写真は学園祭で仮装を披露したもので、「日本教育100年史」と銘打ち江戸時代から戦中まで生徒たちが様々な格好をしている。峡南高校は、増穂商業高校、市川高校と合併して令和2年に青洲高校が開校し、閉校となった。〈南巨摩郡身延町・昭和27年・提供＝小林只典氏〉

身延高校　県立身延中学校を前身とする身延第一高校と、身延実科高等女学校（昭和18年に身延高等女学校と改称）を前身とする身延第二高校が、昭和25年に統合されて開校した。正門前に作られたアーチ門の前で撮影した集合写真である。〈南巨摩郡身延町梅平・昭和28年頃・提供＝鮎川智典氏〉

富河保育園①　大きなすべり台の周りを園児たちが鈴なりに囲んで記念撮影。当時はこんなに大勢の子どもたちがいたことに驚きを隠せない。〈南巨摩郡南部町福士・昭和29年・提供＝望月まさ子氏〉

富河保育園②　富河村福士の峰の集落にあった保育園である。移転した小学校の残った校舎を保育園として活用していたという。〈南巨摩郡南部町福士・昭和29年頃・提供＝望月まさ子氏〉

富河保育園③　「峰の保育園」で大きな円になってお遊戯。もとは小学校の校庭なので、非常に広い。〈南巨摩郡南部町福士・昭和29年・提供＝望月まさ子氏〉

富河小学校の卒業式　同校は明治6年の創立。写真は戦後初の卒業式で富河国民学校の校名だった。ほとんどの卒業生がまだ国民服を着ていて、教員の中にも国民服姿がちらほらと見受けられる。この後、昭和22年の新学制により富河小学校と改称する。〈南巨摩郡南部町福士・昭和21年・提供＝望月要氏〉

富河小学校で同窓会　前ページ下段写真の卒業生たちが、1年後に同窓会を小学校の校舎で開催した時の記念写真。たった1年しか経っていないのに随分と成長したようすがうかがえる。〈南巨摩郡南部町福士・昭和22年・提供＝望月要氏〉

富河小学校の空撮　同校の校舎は設計がユニークである。中央の建物は1階が職員室で2階が講堂。その左右に廊下が伸び、非対称に教室棟が建つ造りとなっている。写真右端に見える「富」のひと文字は、隣接する富河中学校の校庭の人文字の一部。〈南巨摩郡南部町福士・昭和35年頃・提供＝望月まさ子氏〉

富河小学校の新入生　児童らが縁側で、真新しいランドセルに教科書や学用品を入れて準備中。忘れ物をしないよう、2人とも真剣な表情である。〈南巨摩郡南部町福士・昭和40年頃・提供＝望月昇氏〉

市川南小学校　秋の運動会が開催されている。同校は明治6年に黒沢学校として開校、同25年に豊和尋常小学校となり、40年に高等科を設置した。昭和17年に組合村合併により、大同国民学校と改称し、長らく大同の校名を冠していたが、同44年に市川南小学校と改称した。写真の校舎は、この年に建設されたばかりの新校舎。〈西八代郡市川三郷町黒沢・昭和58年・提供＝市川三郷町役場〉

市川中学校①　昭和22年の開校。同30年に高田中学校と合併して生徒数が増加したため、写真は教室を増築しているところと思われる。この校舎は53年に新校舎が建てられるまで使用された。〈西八代郡市川三郷町市川大門・昭和30年頃・提供＝高尾幸子氏〉

市川中学校②　写真は昭和33年度の卒業生たち。開校当時に390人だった生徒は戦後のベビーブームもあり、同36年には780余人にまで増加していた。〈西八代郡市川三郷町市川大門・昭和34年・提供＝村上善雄氏〉

特集◆

子どもたちの笑顔

夏休みの学習　夏休みに下部温泉へ旅行し、山田旅館に泊まった女の子。旅先にも宿題を持って行ったのだろうか。まるで自宅の窓辺で勉強中のよう。〈南巨摩郡身延町下部・昭和37年・提供＝石川惠子氏〉

子どもの肖像　幼子からお姉さんまで、近所の子たちが集まっての一枚。かつては子どもが集団で遊び、大きな子は小さな子の面倒を見ていた。写真左には草が茂る用水路が見える。ここにはアメリカザリガニがいたという。〈韮崎市・昭和30年代半ば・提供＝輿水章子氏〉

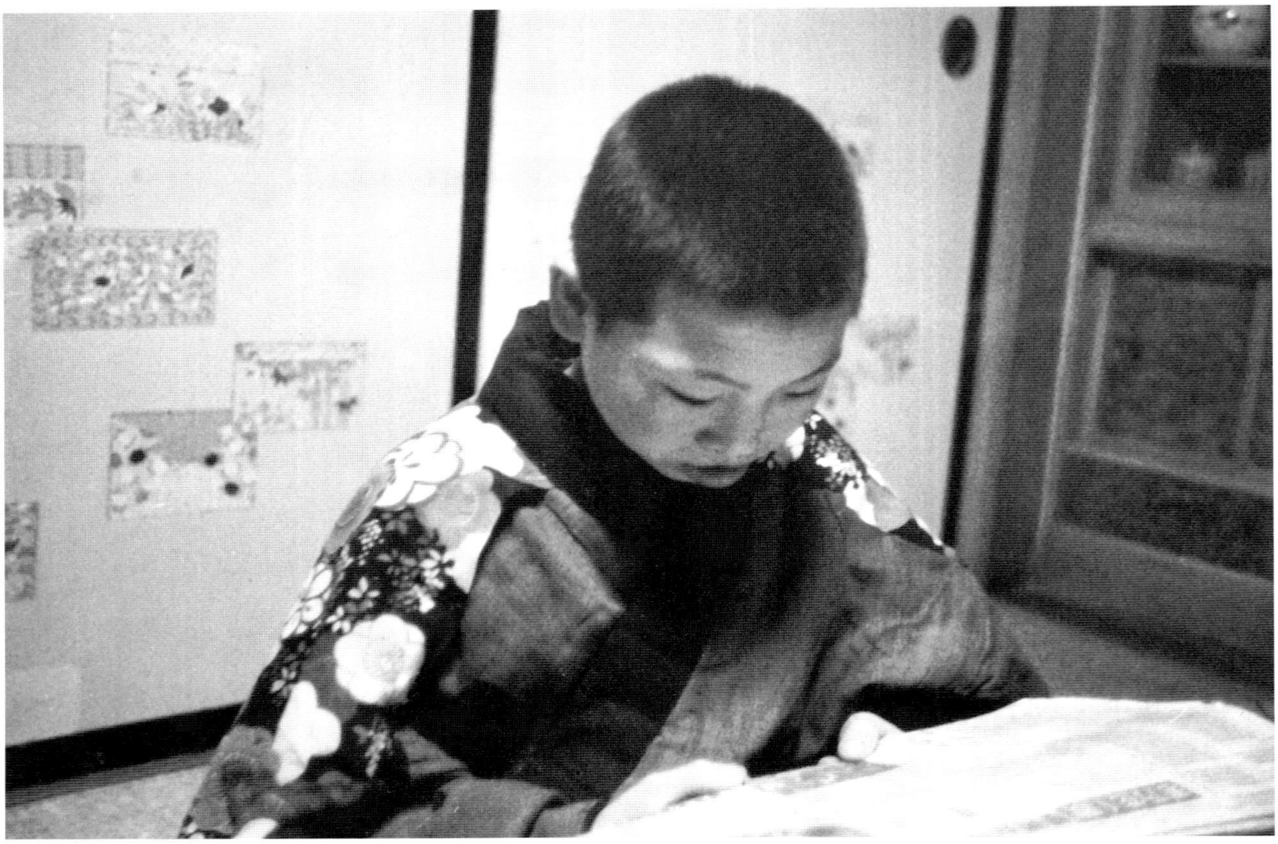

新聞を熟読　寒い冬の日、半纏《はんてん》を着て、コタツに入り、なにやらしかめ面で新聞を読む男の子。冬休みの宿題だろうか。〈北杜市長坂町大八田・昭和34年・提供＝佐藤陸夫氏〉

花壇の花が咲いたよ！　綺麗に咲いたチューリップの前で一枚。水やりなど世話したのだろうか、女の子は誇らしげだ。子どもたちの後ろは土壁の家。昭和の家によくあった土壁は、夏など自然な涼しさがあり快適であった。〈北杜市高根町・昭和40年頃・提供＝丸山美奈子氏〉

ブランコで遊ぶ　この家の縁側にはブランコが置かれており、遊びに来た親戚の子たちに人気だったようだ。写真の子たちはまるで国民的人気アニメ「サザエさん」のワカメちゃんとタラちゃんのよう。〈北杜市長坂町長坂上条・昭和30年代後半・個人蔵〉

昭和の子ども　民家の庭で兄妹をパチリ。妹のズボンは膝辺りが破れているが、そのままでも気にしない。整備された公園でもない野外で元気に遊ぶ子どもたちは、服を破いてしまうことも多かった。〈北杜市長坂町大井ヶ森・昭和29年頃・提供＝清水太一氏〉

庭で行水　兄弟が木製のたらいで行水をしている。手前には懐かしき洗濯板が見える。この頃のたらいは、洗濯や幼児の水遊びと大活躍だった。〈韮崎市水神・昭和35年・提供＝輿水章子氏〉

フラフープ　長坂町から高根町へのバス道路で、フラフープを回して満面の笑みの女の子。斬新な遊具に、新しもの好きの人びとが我も我もと飛びついた。〈北杜市長坂町大八田・昭和32年頃・提供＝佐藤陸夫氏〉

三輪車に乗って　幼児用三輪車は昭和4年頃から販売されたといわれ、当初は鉄パイプ製のシンプルなものであった。戦後に余剰となった戦闘機用ジュラルミンで造られた三輪車などもあったという。〈甲斐市志田・昭和29年・提供＝白倉正子氏〉

冬の朝の幼児たち　スモックを着て、カバンもお揃いの子どもたち。これから皆で豊保育所に向かうところ。友だちと集まって、遊ぶのが楽しみで待ちきれないようすである。〈南アルプス市沢登・昭和30年代半ば・提供＝斉藤忠彦氏〉

田んぼも遊び場　農業用の用水路に木の板を渡しただけの、小さな橋の上で遊ぶ子どもたち。ちょっとスリルが味わえるのかも。〈南アルプス市藤田・昭和27年頃・個人蔵〉

夏の砂場で遊ぶ　暑い夏、ジュースを凍らせたアイス菓子を口にしたまま、遊んでいる幼児。近隣の駄菓子屋でよく売られていたものだという。似た駄菓子で昭和50年にポリ容器入りのジュース「チューペット」が発売され、凍らせた食べ方が大人気となった。生産終了後も類似品が「チューペット」と呼ばれ親しまれている。〈中央市成島・昭和39年・提供＝笠井知幸氏〉

夏の挑戦　水中マスクをつけてシュノーケリング？自宅の池で泳げるかを、兄弟で試したという。祖母には呆れられたとのこと。〈中央市成島・昭和44年・提供＝笠井知幸氏〉

生まれたばかりの妹と　兄2人が赤ちゃんと、ちょっとすまして写真に納まる。片方の腰にはおもちゃの刀。チャンバラ遊びの最中の一枚か。〈中央市成島・昭和38年・提供＝笠井知幸氏〉

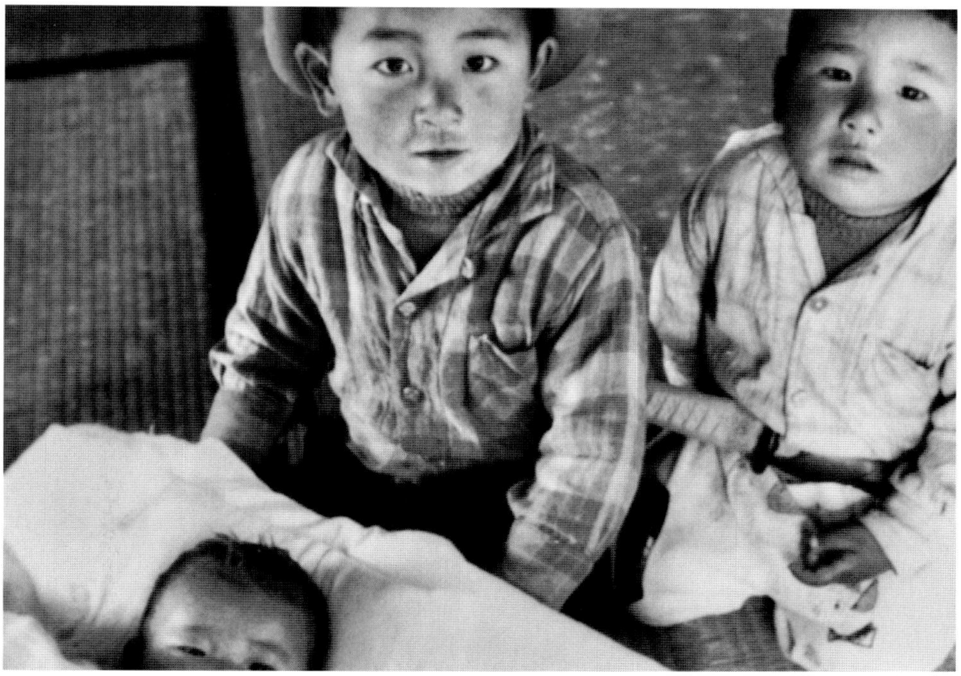

縁側で花火　夏の夜といえば、なんといっても花火であろう。縁側に座って手持ち花火や、庭で迫力ある噴出花火を楽しんだ。線香花火をどれだけ長持ちさせていられるか、競ったものであった。〈中央市成島・昭和42年・提供＝笠井知幸氏〉

「シェー！」　赤塚不二夫原作の人気アニメ「おそ松くん」のキャラクター・イヤミが驚いた時に「シェー！」と叫びながらとるポーズ。当時大ブームを巻き起こし、ビートルズやゴジラまでがこのポーズをした。写真の子は増穂小学校の中庭で、ちょっとテレて「シェー！」。〈南巨摩郡富士川町最勝寺・昭和43年頃・提供＝長澤英貴氏〉

夏のお楽しみ　縁側で大きなスイカにかぶりつく子どもたち。スイカの種を口から遠くへ飛ばしあった思い出のある人も多いだろう。〈南巨摩郡早川町薬袋・昭和36年頃・提供＝望月希代美氏〉

早川で水遊び　水がなんとも綺麗な早川。冷たい清流での川遊びは、プール代わりの夏の遊び場であった。自然豊かな早川町では、現在は川遊びをするキャンプイベントなども行われている。〈南巨摩郡早川町古屋・昭和35年・提供＝望月希代美氏〉

ラジコン飛行機を手に　手作りのラジコン飛行機は、富士川の河原などで飛ばしていたという。〈南巨摩郡身延町角打・昭和39年・提供＝千頭和ひろ美氏〉

手押しの三輪車　写真の幼児用三輪車にはペダルがついているが、まだ小さい子には足が届きそうもない。手押しの器具と背もたれ付きの椅子もあり、まるで乳母車のよう。〈甲斐市西八幡・昭和32年頃・提供＝三井千亜紀氏〉

大あくびの犬と一緒　子どもたちに囲まれているのは、家族を守った名犬ポチ。4キロもあった小学校へ、行きも帰りも、いつも一緒だった。まだ戦後の、暮らしが厳しかった時代であったが、子どもたちと一緒に、家族をもたくましく見守ってくれた。〈南巨摩郡南部町井出・昭和23年・提供＝佐野辰巳氏〉

バースデーケーキ　1歳の誕生日に大きなバースデーケーキをもらい、目を輝かせる幼児。子どもにとっては、古くからある1歳を祝う行事である「一升餅」などよりも、こちらの方が嬉しいだろう。テーブルの上には今もあるキッコーマンの醤油小瓶が見える。〈南巨摩郡富士川町・昭和48年・提供＝斉藤英貴氏〉

遠足の朝　水筒を肩から斜め掛けしてニコニコ顔の男の子。三村小学校に入学して初めての遠足である。往復で5、6キロほども歩いたという。〈中央市成島・昭和40年・提供＝笠井知幸氏〉

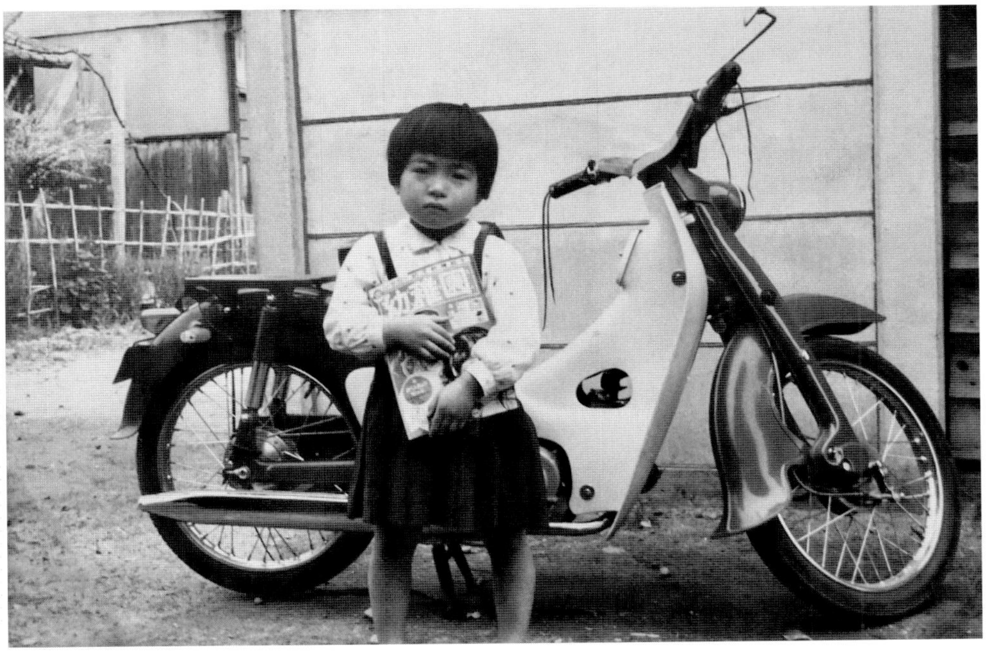

スーパーカブと一緒に　父親が初めて買ったスーパーカブと娘をパチリ。子どもが抱える雑誌「幼稚園」は、昭和7年から今も発行されている小学館の幼児向け雑誌。付録も楽しみで、幼い頃この本にお世話になった人は多いだろう。〈甲斐市西八幡・昭和37年・提供＝三井千亜紀氏〉

法被《はっぴ》を着て三輪車に乗る　手押し器具の取り付けられた幼児用三輪車に、跨るというよりはつかまっている男の子。金毘羅神社の夏祭りの日で、三輪車には水風船ヨーヨーがぶら下がっている。頭上の葡萄《ぶどう》棚は日陰をつくるためであったという。〈甲斐市中下条・昭和36年・提供＝瀧口桂子氏〉

百日記念　赤ちゃんの生後100日記念写真。子が生まれて100日頃には、多くの家庭で「お食い初め」を行う。平安時代には「真魚始め」と呼ばれ、子どもの健やかな成長を祝い、初めて箸を使って食べる真似をする。古くより変わらぬ、親の愛情と祈りが込められた儀式である。〈南巨摩郡富士川町鰍沢・昭和37年・提供＝樋口和仁氏〉

年代	巨摩・市川三郷のできごと	周辺地域、全国のできごと
昭和 29 年（1954）	昭和の大合併により韮崎市・北巨摩郡小淵沢町・高根村・中巨摩郡若草村・白根町・櫛形町・敷島町・南巨摩郡中富町・西八代郡三珠町が発足／西八代郡富里村が町制施行し下部町が発足／西八代郡六郷村が町制施行／西八代郡市川大門町が高田村を合併／南巨摩郡増穂町が中巨摩郡平林村を合併／西八代郡古関村が下九一色村の一部を編入／夜叉神トンネル貫通	保安隊を自衛隊に改組／第五福竜丸事件
昭和 30 年（1955）	昭和の大合併により北巨摩郡長坂町・明野村・双葉町・須玉町・白州町・武川村・中巨摩郡玉穂村・甲西町・南巨摩郡身延町・富沢町・鰍沢町・南部町が発足／南巨摩郡増穂町が穂積村を合併／北巨摩郡長坂町が小泉村を合併／西八代郡山保村が分割され市川大門町と久那土村に編入／北巨摩郡駒城村が分割され武川村と白州町に編入／南巨摩郡中富町が原村を合併	神武景気始まる／ 55 年体制成立
昭和 31 年（1956）	昭和の大合併により中巨摩郡八田村・竜王町・南巨摩郡早川町・西八代郡下部町が発足／北巨摩郡須玉町が江草村を合併／北巨摩郡高根村が清里村を合併／西八代郡大同村が分割され市川大門町と南巨摩郡鰍沢町に編入	経済白書に「もはや戦後ではない」と記載される／東海道本線全線電化
昭和 32 年（1957）	中巨摩郡白根町が源村の一部を編入	
昭和 33 年（1958）	南巨摩郡中富町が西八代郡下部町の一部を編入／韮崎市が北巨摩郡双葉町の一部を編入／異常寒波で凍霜害、八ヶ岳山麓の農作物に被害	一万円紙幣発行／東京タワー完成
昭和 34 年（1959）	北巨摩郡須玉町が増富村を合併／中巨摩郡白根町が源村を合併／中巨摩郡若草村が町制施行	メートル法実施／皇太子ご成婚／伊勢湾台風襲来
昭和 35 年（1960）	中巨摩郡櫛形町が豊村を合併	日米新安保条約発効、安保闘争激化
昭和 36 年（1961）	韮崎市の平和観音像が落慶開眼	第二室戸台風襲来
昭和 37 年（1962）	北巨摩郡高根村が町制施行	
昭和 38 年（1963）	野呂川県営発電所開設	
昭和 39 年（1964）	南アルプス国立公園、八ヶ岳中信高原国定公園指定	東海道新幹線開業／東京オリンピック開催
昭和 40 年（1965）	中央線の甲府～松本間電化完成／増富ラジウム温泉が国民保養温泉地に指定される	名神高速道路全線開通
昭和 43 年（1968）	中巨摩郡田富村が町制施行／櫛形町の県有林に「県民の森」開設／韮崎バイパス完成	
昭和 44 年（1969）		東名高速道路全線開通
昭和 45 年（1970）		日本万国博覧会（大阪万博）開催
昭和 46 年（1971）	中巨摩郡昭和村が町制施行	
昭和 47 年（1972）		沖縄が本土復帰／札幌冬季オリンピック開催
昭和 50 年（1975）		山陽新幹線全線開通／沖縄海洋博覧会開催／ベトナム戦争終結
昭和 53 年（1978）	急性日本住血吸虫症感染者が韮崎市で見つかる（最後の罹患者）	
昭和 57 年（1982）	中央自動車道勝沼 IC ～甲府昭和 IC 間が開通し西宮線全線開通	
昭和 60 年（1985）	中巨摩郡玉穂村が町制施行	日本電信電話公社及び日本専売公社が民営化／プラザ合意
昭和 61 年（1986）	山梨県で第 41 回国民体育大会（かいじ国体）開催	
昭和 62 年（1987）		国鉄分割民営化／バブル景気始まる
昭和 63 年（1988）	大門ダム完成	青函トンネル開通／瀬戸大橋開通
昭和 64 年／平成元年（1989）	リニア新実験線の建設地が山梨に決定	昭和天皇崩御、平成と改元／消費税導入／ベルリンの壁崩壊
平成 2 年（1990）	北巨摩郡須玉（すだま）町が須玉（すたま）町と改称	雲仙普賢岳噴火
平成 3 年（1991）	春仙美術館（現南アルプス市立美術館）開館	湾岸戦争勃発
平成 7 年（1995）		阪神・淡路大震災／地下鉄サリン事件
平成 8 年（1996）	山梨県における地方病（日本住血吸虫症）終息宣言	
平成 12 年（2000）	秩父多摩国立公園が秩父多摩甲斐国立公園に改称	
平成 13 年（2001）	山梨県で第 52 回全国植樹祭開催	中央省庁再編／アメリカ同時多発テロ事件
平成 15 年（2003）	平成の大合併により南巨摩郡南部町・南アルプス市が発足	日本郵政公社発足
平成 16 年（2004）	平成の大合併により甲斐市・南巨摩郡身延町・北杜市が発足	新潟県中越地震
平成 17 年（2005）	平成の大合併により西八代郡市川三郷町が発足	21 世紀初の国際博覧会である 2005 年日本国際博覧会（愛・地球博）開催
平成 18 年（2006）	平成の大合併により中央市が発足／北杜市が北巨摩郡小淵沢町を合併	
平成 22 年（2010）	平成の大合併により南巨摩郡富士川町が発足	
平成 23 年（2011）		東日本大震災
平成 24 年（2012）		笹子トンネル事故
平成 25 年（2013）	「富士山―信仰の対象と芸術の源泉」が世界遺産に登録される	山梨県で第 28 回国民文化祭（やまなし 2013）開催
平成 26 年（2014）	平成 26 年豪雪	
平成 31 年／令和元年（2019）	南アルプスユネスコエコパークが登録される／中部横断自動車道の南部～富沢間供用開始	皇太子徳仁親王が天皇に即位、令和と改元
令和 2 年（2020）		新型コロナウイルス感染症の世界的大流行始まる
令和 3 年（2021）	東京 2020 オリンピック聖火リレーが山梨県で実施される	第 32 回オリンピック競技大会（東京 2020）開催
令和 4 年（2022）	第 74 回全日本高校選手権（春高バレー）で日本航空高校が初の全国制覇	ロシアによるウクライナ侵攻／成年年齢が 18 歳に引き下げ
令和 5 年（2023）		日本銀行券壱万円・五千円・千円の改刷発行日が決定

巨摩・市川三郷の近現代略年表

※交通網の変遷、学校開設、統廃合等については各章に掲載

年代	巨摩・市川三郷のできごと	周辺地域、全国のできごと
慶応４年／明治元年（1868）	甲府城代を改め鎮撫府支配を布告／鎮撫府を廃し甲斐府とする	明治維新／江戸を東京と改称／明治と改元／戊辰戦争勃発
明治２年（1869）	甲斐府を改め甲府県とする	戊辰戦争終結
明治４年（1871）	廃藩置県により甲府県が山梨県に改称	廃藩置県／欧米諸国へ岩倉使節団を派遣
明治５年（1872）	大小切税法廃止反対の農民騒動起こる（大小切騒動）	学制発布／太陽暦採用
明治７年（1874）	富士川運輸会社設立	
明治８年（1875）	身延山久遠寺で大火	
明治11年（1878）	農産社創立	三新法（郡区町村編制法・県会規則・地方税規則）制定
明治12年（1879）	農産社が洋式紡績工場の市川紡績所設立	学制に代わり教育令制定
明治22年（1889）	町村制施行により地域内各町村が発足／中巨摩郡野々瀬村が野之瀬村に改称	大日本帝国憲法発布／東海道線全線開通
明治23年（1890）		第１回衆議院議員総選挙実施／第１回帝国議会開会／府県制・郡制公布／教育勅語宣布
明治25年（1892）	北巨摩郡河原部村が町制施行し韮崎町発足	
明治27年（1894）		日清戦争開戦
明治36年（1903）	中央線が韮崎駅まで開通	
明治37年（1904）	県立農林学校創立／三神三朗と桂田富士郎により日本住血吸虫発見	日露戦争開戦
明治39年（1906）		鉄道国有法が制定される
明治40年（1907）	明治40年大水害（富士川豪雨）	義務教育が６年間となる
明治44年（1911）	中央線飯田町～名古屋間全線開通	日米通商航海条約調印
明治45年／大正元年（1912）	富士身延鉄道設立	明治天皇崩御、大正と改元
大正３年（1914）		第一次世界大戦開戦
大正９年（1920）	山梨県蚕業組合連合会結成／富士川改修計画決定	第１回国勢調査実施／国際連盟設立
大正12年（1923）	「東洋一の吊り橋」身延橋竣工	郡制廃止／関東大震災
大正13年（1924）	山梨農民組合発足	皇太子裕仁親王ご成婚
大正14年（1925）		普通選挙法・治安維持法制定／東京で日本初のラジオ放送
大正15年／昭和元年（1926）		大正天皇崩御、昭和と改元／郡役所廃止
昭和２年（1927）	中巨摩郡松島村・福岡村が合併し敷島村が発足	昭和金融恐慌
昭和３年（1928）	富士身延鉄道が全線開通／玉幡競馬場開設／三恵の大ケヤキが国の天然記念物に指定される	昭和天皇御大典祝賀行事を全国で開催／普通選挙法による最初の衆議院議員選挙実施（成人男子のみ）／治安維持法改正
昭和４年（1929）	上沢寺、本国寺のオハツキイチョウが国の天然記念物に指定される／武田八幡宮本殿が国宝に指定される	世界恐慌
昭和６年（1931）	南巨摩郡身延村が町制施行／竜王村で小作争議発生	満州事変勃発
昭和７年（1932）	山梨電気鉄道甲府駅前～青柳間が開通し全線開通	満州国建国宣言
昭和８年（1933）	北巨摩郡新富村・武里村が合併し武川村が発足／南巨摩郡八日市場村・伊沼村・飯富村が合併し原村が発足／玉幡村に玉幡飛行場開設	日本が国際連盟を脱退
昭和９年（1934）	山梨飛行場設置	室戸台風襲来
昭和10年（1935）	豪雨により塩川・荒川が氾濫／国鉄小海線が全線開通	
昭和11年（1936）	中巨摩郡明穂村が町制施行し小笠原町発足	
昭和12年（1937）	北巨摩郡韮崎町が更科村・祖母石村を合併	日中戦争開戦／防空法施行
昭和13年（1938）	清里村に清泉寮建設	国家総動員法施行
昭和15年（1940）	北巨摩郡駒井村・下条村が合併し藤井村が発足	紀元二千六百年記念祝賀行事開催／大政翼賛会発足
昭和16年（1941）	中巨摩郡小井川村・花輪村・忍村が合併し田富村が発足	尋常小学校を国民学校と改称／太平洋戦争開戦
昭和17年（1942）	中巨摩郡西条村・常永村が合併し昭和村が発足／西八代郡豊和村・八之尻村・羽鹿島村が合併し大同村が発足	ミッドウェー海戦／食糧管理法制定／大日本婦人会発足
昭和19年（1944）		学童疎開開始／学徒勤労令、女子挺身勤労令公布
昭和20年（1945）		全国で空襲激化／太平洋戦争終結／治安維持法廃止
昭和21年（1946）	中巨摩郡敷島村が町制施行	農地改革
昭和22年（1947）		新学制実施／日本国憲法施行／地方自治法施行
昭和23年（1948）	清里聖アンデレ教会完成	
昭和24年（1949）	西八代郡富里村が共和村の一部を編入	日本専売公社発足
昭和25年（1950）		朝鮮戦争勃発、特需による経済復興／警察予備隊創設
昭和26年（1951）	西八代郡落居・岩間・楠甫・宮原・葛籠沢・鴨狩津向の６村合併で六郷村発足／南巨摩郡増穂村が町制施行／中巨摩郡飯野村・在家塚村が合併し巨摩町発足	サンフランシスコ平和条約・日米安全保障条約調印
昭和27年（1952）		警察予備隊を保安隊に改組
昭和28年（1953）		NHK テレビ本放送開始

巨摩・市川三郷の地理・交通図

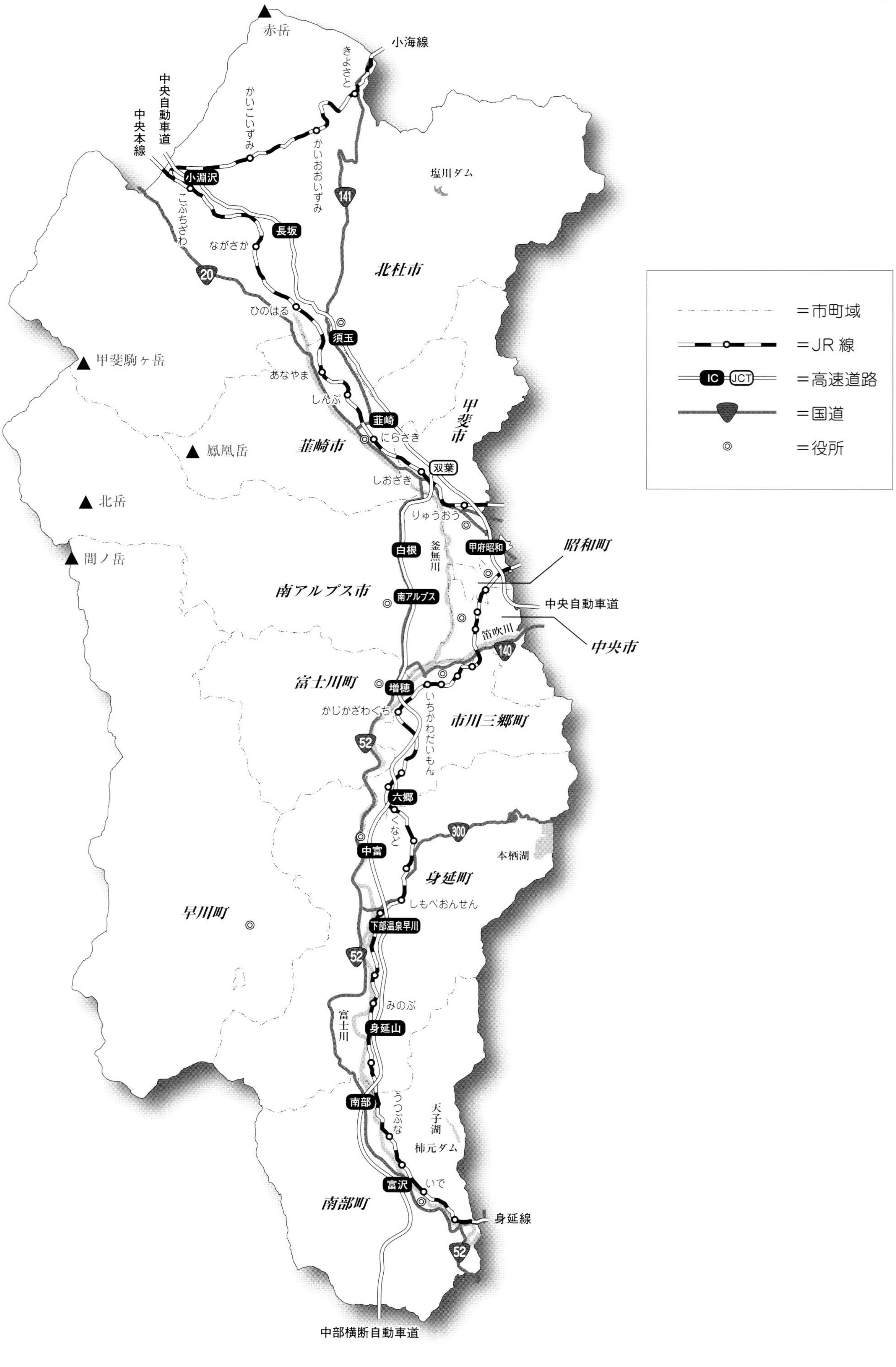

赤岳
小海線
きよさと
中央自動車道
中央本線
かいこいずみ
かいおおいずみ
塩川ダム
141
小淵沢
こぶちさわ
長坂
ながさか
20
北杜市
ひのはる
須玉
甲斐駒ヶ岳
あなやま
しんぷ
韮崎
にらさき
甲斐市
鳳凰岳
韮崎市
双葉
しおざき
北岳
りゅうおう
白根
釜無川
甲府昭和
昭和町
間ノ岳
南アルプス市
南アルプス
中央自動車道
笛吹川
中央市
140
富士川町
増穂
かじかさわぐち
いちかわだいもん
市川三郷町
52
六郷
くなど
300
本栖湖
中富
身延町
しもべおんせん
早川町
下部温泉早川
みのぶ
富士川
身延山
南部
うつぶな
天子湖
柿元ダム
富沢
いで
南部町
身延線
中部横断自動車道
=市町域
=JR線
IC
JCT
=高速道路
=国道
=役所

写真および資料提供者

（敬称略・順不同）

芦澤和彦
穴水　操
安部　修
鮎川智典
石川恵子
伊藤公也
伊藤隆一
今橋　武
岩下幸夫
岩下英樹
岩間ひとみ
上野喜弘
内田則子
鰻池康宣
大久保厚子
大柴　力
落合紀実子
落合恒雄
折居保夫
笠井知幸
加藤庄八
岸本俊子
輿水章子
小林只典
小林春美
小林　敏
小林英雄
古屋真由美
近藤　久
斉藤忠彦
斉藤英貴
櫻本　等
佐藤陸夫
佐野辰巳
佐野知世
清水太一
志村喜仁
白倉正子
杉山哲夫
杉山芳憲
台原　洋
高尾幸子
高見彰彦
瀧口桂子
丹沢寿賀子
千頭和ひろ美
土橋　永
土橋輝雄
土屋正邦
土屋幹起
堤眞理子
利根川昇
内藤寿津子
中澤明彦
長澤英貴
新津　要
野中省三
畑　充仁
花輪幹夫
林　真理
樋口和仁
日向久子
深澤　純
深澤礼子
藤田勝夫
藤原佐知子
藤原孝行
保阪太一
丸山美奈子
三浦美枝子
溝口登志裕
三井千亜紀
道村順一
宮沢敏明
宮沢裕夫
三好祐司
村上善雄
望月　要
望月希代美
望月　昇
望月憲之
望月まさ子
柳澤晋平
柳本　胖
山本玫博
八巻俊司
渡辺日出子
甲陵高校
農林高校
北杜市郷土資料館
中央市教育委員会生涯教育課
昭和町役場
南部町中央区公民館
市川三郷町役場
ふるさと文化伝承館
清里館
駒ヶ嶽神社
古民家カフェ鍵屋
下部温泉郷
魚善
清文堂書店
寶泉院
天洋堂
宮澤書店
山梨銘醸株式会社

＊このほか多くの方々から資料提供やご教示をいただきました。謹んで御礼申し上げます。

おもな参考文献

（順不同）

「富士川　村田一夫写真集」富士川会・平成十一年
「山梨百科事典」山梨日日新聞社・昭和四十七年
「富士川　水運史」地方書院・昭和三十四年
「綜合郷土研究」山梨県・昭和十一年
「目で見る　巨摩の100年」郷土出版社・平成二年
「山梨県の歴史」山川出版社・平成十一年
「山梨県謎解き散歩」新人物往来社・平成二十四年
「山梨交通60年史」山梨交通・平成十八年
「山梨県史通史編3　近世1」山梨県　山梨日日新聞社・平成二十年
甲西町開町記念写真集「はばたき」甲西町役場企画課・平成十五年
『角川日本地名大辞典19　山梨県』角川日本地名大辞典編纂委員会・昭和五十九年

＊このほかに各自治体の要覧や広報誌（縮刷版を含む）、新聞・雑誌記事、住宅地図、ウェブサイトなどを参考にしました。

監修（敬称略）

齋藤康彦（山梨大学名誉教授）

執筆（敬称略）

尾藤章雄（山梨大学名誉教授）

編集

樹林舎『巨摩・市川三郷の100年』編集部

※教育関係の文章については、地元の研究者の方たちに執筆協力いただきました

写真取材　坂間雄司

編集・制作　山田恭幹・野村隆也

販売企画　秋山宏樹

装幀・DTP　全並大輝

写真アルバム **巨摩・市川三郷の100年**

2024年12月11日　初版発行

発 行 者　山田恭幹

発 行 所　樹林舎

〒468-0052　名古屋市天白区井口1-1504-102
TEL: 052-801-3144　FAX: 052-801-3148
http://www.jurinsha.com/

印刷製本　大日本法令印刷株式会社

ISBN 978-4-911023-07-5　C0021